Steffen Fennig

Laufen rund ums Jahr

Steffen Fennig

Laufen rund ums Jahr

Aufzeichnungen eines Läufers

Bloggingbooks

Impressum/Imprint (nur für Deutschland/only for Germany)
Bibliografische Information der Deutschen Nationalbibliothek: Die Deutsche Nationalbibliothek verzeichnet diese Publikation in der Deutschen Nationalbibliografie; detaillierte bibliografische Daten sind im Internet über http://dnb.d-nb.de abrufbar.
Alle in diesem Buch genannten Marken und Produktnamen unterliegen warenzeichen-, marken- oder patentrechtlichem Schutz bzw. sind Warenzeichen oder eingetragene Warenzeichen der jeweiligen Inhaber. Die Wiedergabe von Marken, Produktnamen, Gebrauchsnamen, Handelsnamen, Warenbezeichnungen u.s.w. in diesem Werk berechtigt auch ohne besondere Kennzeichnung nicht zu der Annahme, dass solche Namen im Sinne der Warenzeichen- und Markenschutzgesetzgebung als frei zu betrachten wären und daher von jedermann benutzt werden dürften.

Coverbild: www.ingimage.com

Verlag: Bloggingbooks ist ein Imprint der
Südwestdeutscher Verlag für Hochschulschriften GmbH & Co. KG
Heinrich-Böcking-Str. 6-8, 66121 Saarbrücken, Deutschland
Telefon +49 681 37 20 271-1, Telefax +49 681 37 20 271-0
Email: info@bloggingbooks.de

Herstellung in Deutschland (siehe letzte Seite)
ISBN: 978-3-8417-7030-1

Imprint (only for USA, GB)
Bibliographic information published by the Deutsche Nationalbibliothek: The Deutsche Nationalbibliothek lists this publication in the Deutsche Nationalbibliografie; detailed bibliographic data are available in the Internet at http://dnb.d-nb.de.
Any brand names and product names mentioned in this book are subject to trademark, brand or patent protection and are trademarks or registered trademarks of their respective holders. The use of brand names, product names, common names, trade names, product descriptions etc. even without a particular marking in this works is in no way to be construed to mean that such names may be regarded as unrestricted in respect of trademark and brand protection legislation and could thus be used by anyone.

Cover image: www.ingimage.com

Publisher: Bloggingbooks
is an imprint of the publishing house
Südwestdeutscher Verlag für Hochschulschriften GmbH & Co. KG
Heinrich-Böcking-Str. 6-8, 66121 Saarbrücken, Deutschland
Phone +49 681 37 20 271-1, Fax +49 681 37 20 271-0
Email: info@bloggingbooks.de

Printed in the U.S.A.
Printed in the U.K. by (see last page)
ISBN: 978-3-8417-7030-1

Inhaltsverzeichnis

Vorwort 5

Winter 7
- Ein Flug durch 2010 8
- und weiter geht es im Takt 9
- Erledigt - in doppelter Bedeutung 9
- Erholung 10
- Winter - Na und 10
- Nutze den Feiertag 11
- Misch Lauf-Training 11
- Quäl Dich du Sau 12
- Lauf - trotz Kratz 13
- Ich brauche nichts 13
- Misch-Laufband 14
- Und wieder aufs Laufband 14
- Der Untergang 14
- Sonnenschein Glück zu Zwein 15
- E-Garten - schon wieder 16
- Reha-Lauf 16
- Trotz Unlust in die Spur 17
- Wenn morgens kein Bus fährt 17
- Trainingssteigerung 18
- Ich berichte 18
- Der Marathon in Bad Füssing 18
- Der Marathon - als Lauf 19
- Faulheit siegt 21
- Duster 21
- Langsam kann ja eigentlich jeder 21
- Laufziele 22
- Lauffieber 22
- Zwei Paar Laufschuhe 23
- Erstens ist es wärmer 23
- Trennungen 24
- Gruppenrekord 24
- Abgekürzt 25
- Es gibt so Tage 25
- Hügeltraining 26
- Mir fehlt ein Plan 26
- Aua - Aua 27

Frühling 29
- Der Mann aus dem Tunnel 30
- Ich haue mal einen raus 30
- Laufgruppendynamik 31
- Was war denn heut bei Läufers los 31
- Was ist denn heute für ein Tag? 32
- Der Bericht zum Nürnberg: Self-Transcendence 6-Stunden-Lauf 33
- Der Bericht zum Nürnberg: Self-Transcendence 6-Stunden-Lauf, Teil 2 34
- Der Bericht zum Nürnberg: Self-Transcendence 6-Stunden-Lauf, Epilog 36
- Gehirnjogging 37
- Und hast du nur am Abend Zeit 37
- Wut ist gut 38
- Heute war es anders 38
- Friedhofsrunde 39

So ein Wetter ... 39
Der (Trainings-)Dreier ... 40
Plan und Erfüllung ... 40
Empfohlene Lebensmittel für Läufer - oder Bäh ... 42
Ick hau noch einen druff ... 42
Langsamer mit den alten Läufern ... 42
Locker bleiben ... 43
Frühaufsteher-Runde ... 43
Die Woche ... 44
Reise mit kleinen Hindernissen ... 44
Schonen vor dem Lauf ... 45
Copenhagen Ultramarathon ... 46
Copenhagen Ultramarathon – Part II ... 47
Medaillen-Neid ... 49
Mei Süss ... 50
Locker die Isar lang ... 50
Laufgruppe ... 50
Zähe Angelegenheit ... 51
Ulm - die Nacht ruft ... 51
Neue PB ... 52
Leistung April ... 52
Trail zum Tag der Arbeit ... 52
Paradoxon ... 53
Kurz und knackig ... 54
Heute im Temporausch ... 54
Warum tu ich mir das nur an? ... 55
Es reicht ... 56
Samstag und Laufen? ... 57
Wo ist das Wochenende? ... 57
Stampf and Run ... 57
So schrecklich demotiviert ... 58
Gemurmel und Sprint - Was für ein Lauf ... 59
Abgerechnet wird am Schluss - Das Fazit zum Rennsteiglauf ... 61
Die ganze Wahrheit über Asics ... 62
Fahrrad ... 63
Und wieder ein Meilenstein ... 63
Laufen am Abend ... 63

Sommer ... 65
Mühlhausen ... 66
Läuferzehnkampf Mühlhausen ... 66
Läuferzehnkampf Mühlhausen Tag 2 ... 67
Läuferzehnkampf Mühlhausen Tag 3 ... 68
Finale in Mühlhausen ... 68
Läuferzehnkampf Mühlhausen Tag 3 ... 69
Läuferzehnkampf Mühlhausen - Tag 4 ... 70
Asics - Abschied ... 72
Probelauf ... 72
Kleine Steigerung ... 72
Pensum ... 73
Ab in die Spur ... 73
Der Mann im Regencape ... 73
Das war nix heute ... 74
Warten ... 74
Wunderwerk menschlicher Körper ... 75
Ein fauler Bauch läuft nicht gern ... 76

Über 90 76
Immer noch am Laufen 77
Anstrengender Freitag 77
So war meine 3. Teilnahme an der 3. Ulmer Laufnacht 77
3. Ulmer Laufnacht - Der Lauf 79
3. Ulmer Laufnacht - Epilog 80
Absage der 24h von Berlin 81
Bambus Socken 81
Zwei Stunden in Berlin 82
Wozu Vorsätze 82
Abendlauf 83
Heute als Fan 83
Neue GPS Uhr ??? 84
Wow - es steigert sich Genossen Läufer 84
Garmin 3.70 84
Tempohärte 85
Atmosphäre und Laufen 85
Und langsam 86
Orthopäde, Laufschuhe usw 86
Handwerker und Lauf 87
Hügelauf den Hügellauf 87
SadoMaso-Training 87
Höhlenforscher 88
Der mit dem Wanst läuft 89
Lauf mit Stinkefinger 89
Laufgruppe 89
Friedensmarathon Augsburg - Der Lauf 90
Friedensmarathon Augsburg - Das Ereignis 92
Friedensmarathon Augsburg - Am Rande erwähnt 93
Schuhe, Schuhe 94
Qual der Wahl 94
Das erste Mal - Barfuss 94
Barfuss - Der Tag danach 95
Heute wirklich Barfuss 96
Abendlauf in Windeseile 96
Erst Schmerz dann Lust 97
Isar voll - ich alle 98
Hitzewallungen 99
Donnerstag - erst lang dann kurz 99
Ein shirt weniger - ein Lauf mehr 100
Alles Krampf 101
Wadentest 101

Herbst 103
Laufen und Essen 104
Begeisterung 104
Lässiger Samstag 104
Halbmarathon Altötting 105
Endlich 106
Run for Life - München 106
Normalität im Laufbetrieb 107
Herbstereignis 107
Des Abends Laufen 108
Träger Lauf 108
Lauf ich im Regen oder im Regen 109
Kurze Pause 109

Quebec City 110
Lauf in den Rocky Mountains 110
Und wieder im Banff National Park 111
Letzter Lauf in Kanada 112
Planung 2012 113
Mann trifft sich 113
Neue Planung 114
Zwölf Stunden ist es her 114
Zunehmende Dunkelheit 114
Echsen an der Isar 115
Kalt oder Heiss 116
Stirnlampentest 116
From Dusk till Dark 117
Samstag - Training und Freizeit 117
Wo geht es nach Hause? 118
Quäl Dich 118
Besserung in Sicht 119
Nachtrag Samstag 119
Und wieder mal Trail 119
Heute ein Feiertags-Läufchen 120
Ehe man so zum Laufen kommt 121
Es ist Sommer, Genossen Läufer 121
Und heute nur ein halber Trail 122
Wochenteilung 123
Entspannter Abendlauf 123
Schongang 123
Sonntag Abend bei einem Becher Joghurt mit Chia 124
Rumsitzen und blöd schauen 125
Absolute Beginners 125
Gebremste Laufkraft 126
Aus der Mitte entspringt ein langsamer steter Quell 126
Boa eh, Frühling 127

Winter 129
Ich laufe, also bin ich 130
Nutz das Wetter 130
Training und andere Treffen 131
Durch die Auen 131
Groggy 132
Und wieder ein Donnerstag 132
Von einem Hund angekläfft worden, laut aufgeschrien 133
Hin und zurück 134
Schlaffer Start 134
Natürlich war ich laufen 135
Verschätzt 135
Zwei Läufe 136
Ächz Stöhn und Co 137

Vorwort

Was ist denn ein Blog? Diese Frage stellte ich mir 2007. Dann begann ich einfach einen zu schreiben. Zuerst ab und an, dann in Versform und dann nach vielen Beschwerden meiner Geschwister nur noch in Prosa also Text.

Was schreibt man da eigentlich? Nun ich berichte in meinem Blog fast ausschließlich über mein Hobby, das Laufen. Es hat mir selbst oft geholfen, bei anderen abzugucken, zu lesen, wie sie trainieren oder wie ein bestimmter Lauf in einer bestimmten Gegend ist, an dem man zum ersten Mal teilnehmen will. Das erspart manchmal viel Zeit und es stimmt einen auf den Lauf ein. Oder man sieht, dass andere auch trainieren müssen, um Erfolge zu haben.

Nicht jeder ist ein Naturtalent und rennt einen Marathon in 3 Stunden. Natürlich bewundert man die, die das können, aber es ist nicht alles. Jetzt will der Verlag meinen Blog als Buch veröffentlichen. Für mich verbindet sich damit die Hoffnung, dass andere Menschen aus den Blog-Geschichten etwas für sich mitnehmen können, so wie ich das bei anderen getan habe.

Ich danke also allen anderen, die ihre Erfahrungen auf diese Weise mit uns teilen und teile hiermit etwas mit dem Leser.

Viel Spaß beim Lesen, wie es so ist, beim „Laufen rund ums Jahr.“

Steffen Fennig

Winter

Ein Flug durch 2010

Im Januar in Rodgau durch Eis und Schnee 50km gestapft und endlich unter 5 Stunden geblieben, in Ottobrunn 6 Stunden durch die Nässe gelaufen, beim MIAU die Läufer bei Kilometer 104 versorgt, dann wieder selbst gelaufen, Rennsteig-Etappen-Lauf, 5 Etappen offizielle 168,3km, vom Winter in den Frühling gelaufen und immer in kurzen Hosen. Dabei 2x freiwillig und einmal aus Versehen über die Marathondistanz hinaus gelaufen. Aber ein tolles Erlebnis, danke an alle Rennsteigler!!!

Schon war es Mai und es ging nach Eisenach zum Rennsteiglauf, unter 9 Stunden, trotz Problemen, dann kamen der Illermarathon und die 100km von Ulm, beides in brüllender Hitze. Und wieder eine PB 12:15h für die 100km.

Im August im Rahmen der Gay Games in Köln einen Marathon, endlich mal wieder unter 4 Stunden, wenn auch knapp. Dann den Traditionslauf - Altöttinger Halbmarathon in 01:43h, nur ein paar Sekunden langsamer als letztes Jahr, schön war's. Und dann den Lauf um den Wolfgangsee, beinahe abgekackt am Berg (Hügel) und trotz Krämpfen und Scheißwetter angekommen.

Und dann noch einmal nach Hamburg im November und einen weiteren Marathon unter 4 Stunden in Öjendorf geschafft. Das war die Bilanz von 2010.

Bei den Laufkilometern habe ich meine Leistung von 2009 um 36km unterboten, also die 2701 nicht wieder erreicht.

Ein paar Privatläufe standen auch noch auf der Liste. Von Lenggries nach Innsbruck, danke Bernd und Jürgen und Eva.

Dann noch den Rest vom MIAU von Lenggries nach München, danke Christian.

Und einmal einen Marathon entlang der Isar, ganz allein und von Freising nach München auch ganz allein.

Seit 2005 laufe ich jetzt Ultra-Strecken und bin jedes Jahr wieder begeistert, was noch so geht. Obwohl ich mal sagen würde, dass ich mich erst seit 2008 so richtig als Ultra sehe, davor war es noch ein Antasten und Kennenlernen.

Für 2011 versuche ich jetzt endlich mal einen 24h-Lauf in Angriff zu nehmen und so ein Triple-Marathon sieht auch gut aus, aber keine Hektik bitte, ich muss mich eben noch entscheiden. Ich kündige nur nicht so gerne an, wo ich

laufen möchte, denn zwei 24h-Läufe wurden schon abgesagt, das verfolgt mich jetzt als böses Omen, laut Kalli.
Also auf ein für alle erfolgreiches Jahr 2011 und viel Spaß beim Laufen! Man sieht sich.
Stdiut von MgMBlog @ 01.01.11 - 12:39:39

und weiter geht es im Takt

Nach dem Lauf ist vor dem Lauf. Nach 2010 ist 2011. Habe heute schon meine ersten 21,15km an der Isar absolviert. Fiel etwas schwer, aber es ging so lala. Habe unten an der Isar auch mal die Yaktrax übergestreift, sicherheitshalber, denn gestern war es ziemlich glatt. Heute hinter dem Tierpark waren sie aber auch sehr nützlich. Das Wetter war diesig, also in Richtung Nebel, aber nicht zu kalt.
Als die Motivation im Keller war, habe ich, Gott sei Dank, Andrea auf der Strecke getroffen und sie hat mir über die letzten 3km geholfen. Es geht doch gleich alles viel leichter, wenn man jemand zum Ratschen hat. Alles in allem bin ich aber mit dem ersten Lauf des Jahres sehr zufrieden. Da hat man wenigstens noch Steigerungsmöglichkeiten.
Stdiut von MgMBlog @ 01.01.11 - 17:13:36

Erledigt - in doppelter Bedeutung

Der Lauf und ich sind völlig erledigt. Habe die Hinrunde abseits versucht, so ab Tierpark bis Anfang Grünwalder Busch. Das war aber so anstrengend, dass ich es glatt gelassen habe. Dafür habe ich aber die Hügelrunde doppelt gemacht und bin nicht auf die flache Pullacher Seite gewechselt. Danach war ich aber so fertig, dass ich froh war, als Schluss war. Irgendwie fehlt mir der Mittagsschlaf seit Tagen. Aber immerhin drei Tage hintereinander Training und so ca. 50km absolviert, die ganze Woche sogar 62,88km. Aber ich muss ja auch so langsam den ersten Wettkampf vorbereiten. Wird zwar sicher keine unter vier bei den Thermen, aber ich will ja auch nicht Letzter werden.
Hatte unterwegs noch die Idee alle Satzfetzen aufzuschreiben, die man so aufschnappt von den Spaziergängern, aber habe die Hälfte schon wieder

vergessen.
Dafür habe ich ein paar Bilder gemacht, von den wenigen Sonnenstrahlen, die ich auffangen konnte. Und von meiner Tankstelle an der Isar, die ich heute dringend brauchte.
Stdiut von MgMBlog @ 02.01.11 - 19:17:32

Erholung

Eigentlich fühle ich mich heute schon wieder fit wie ein Turnschuh, jedenfalls wenn er nicht so ausgelatscht ist wie meine Laufschuhe nach 600km. Trotzdem habe ich heute Morgen beschlossen in der Mittagspause nicht zu laufen. Was ich bei dem strahlenden Sonnenschein aber fast schon wieder bereue. Aber egal - ich werde diese Woche am Mittwoch, Donnerstag, Samstag und Sonntag laufen. Mehr muss noch nicht sein in dieser Saison. Mal sehen was dann am Sonntag aufm Tacho steht. ;)
Stdiut von MgMBlog @ 04.01.11 - 13:59:36

Winter - Na und

Heute beim umziehen in der Mittagspause habe ich die dicke warme Hose in der Hand gehalten und gedacht, nee da schwitz ich ja total. Schließlich waren Plusgrade angesagt. Also, ab in die kurzen Tights und auf ging es. In Richtung Norden Richtung Tierpark.
Ich muss schon sagen, ich bin zwar nicht erfroren und in den sonnigen Abschnitten war es richtig warm, aber nicht wirklich. Seit dem Rennsteig-Etappen-Lauf bin ich zwar abgehärtet, aber trotzdem war es frisch an den Knien. 54 Minuten für 10km fand ich jetzt okay.
Übrigens war ich nicht der Einzige in kurzen Hosen, einen Läufer habe ich noch getroffen. Trotzdem irgendwie bizarr an eingemummelten Menschen vorbei zu laufen. Ach, und das Beste war heute, dass ich zwei Radfahrer überholt habe. Mensch gegen Maschine, it's cool man.
Stdiut von MgMBlog @ 05.01.11 - 20:59:42

Nutze den Feiertag

Ich habe den Feiertag kräftig genutzt. Bis 11:00 Uhr geschlafen, um 12:00 Uhr mit der Schwiegermutter zum Essen. Ganz gesund gefuttert, Reiberdatschi und Lachs mit Salat. Dann wieder heim, ein wenig am PC rumgespielt und endlich für den 1.24h-Lauf gemeldet und gleich den Flug gebucht.

Dann Laufklamotten an und los. Es war schon 15:50 Uhr beim Loslaufen, aber egal, es ist ja Feiertag und dementsprechend hatte ich Zeit. Ich gönnte mir heute eine lockere 15km-Runde. Rauf zum 60ger Stadion, die Hochleite entlang bis zur Grosshesseloher Brücke, dann auf die andere Isar-Seite, am Tennisplatz entlang, Richtung Pullach und dann zurück den Berg runter, unter der Eisenbahnbrücke durch, dann links gehalten an den Schwänen vorbei, dann beim Flaucher Biergarten eine Schleife gedreht und dann über die Brücke in Richtung Heimat und die 15km knapp unter 01:30h beendet. Dunkel war es natürlich schon geworden, aber die Yaktrax habe ich nur spazieren getragen.

Und es gab heute mal wieder ein Bild vom 310 Garmin, hipp hipp Hurra!

Stdiut von MgMBlog @ 06.01.11 - 19:58:33

Misch Lauf-Training

Heute ging es mal um 10:15 Uhr gemütlich los, um meine Trainingsgruppe zu treffen. Heute war sie vollzählig vorhanden, also beide :D.

Dann haben wir 2x7 Minuten und 1x10 Minuten geschafft. Ich muss mal die Uhr resetten, dann sehe ich mal die Gesamtleistung, aber so gute 3,x Kilometer schaffen wir schon inzwischen. Bis 10 ist es nicht mehr weit.

Dann wollte ich allein gemütlich 2 Stunden voll machen mit Training und das habe ich dann auch mit Pausen gemacht. Nach der Einlaufzeit gab es erst einmal 3x500m also ganz genau 510m in 2:13 / 510m in 2:23 und 520m in 2:10. Daran anschließend bin ich, bis mein Schürsenkel aufging so im 5:44er Schnitt weiter gedüst, das waren so 2,5km.

Dann bin ich erst mal wieder etwas langsamer geworden, weil ich etwas nettes Knackiges vor der Linse hatte. Nachdem sich unsere Laufpfade aber dann trennten, habe ich noch ein paar Bilder von einem Denkmal Nähe Maria Einsiedel Bad gemacht, der Typ fasziniert mich. Alt, muskulös, grün bemoost

und mit geneigtem Kopf steht er da. Leider finde ich keinen Namen zu dem Steinmann und das Schild ist verwittert.
Dann ging es weiter Richtung Flaucher, über die Holzbrücke und langsam wurde ich etwas schlapp, hatte ja auch noch kein Frühstück gefuttert. Trotzdem wollte ich noch einmal Gummi geben und habe noch 2x500m ins Programm aufgenommen, 510m in 2:23 - die taten schon weh und dann 540m in 2:21 - da wollte ich unbedingt noch an einem Radler vorbei, der sich einen Hügel hochquälte, da ging es dann plötzlich wieder. Jetzt war ich schon an der Brudermühlbrücke und bin nur noch heim getrottet, mit knallrotem Kopf, außer Puste und zufrieden und habe noch zwei Bilder von dem tollen Sonnenscheingeschossen.
Um 12:20 Uhr war ich wieder zu Hause und endlich gab es Frühstück.
Stdiut von MgMBlog @ 08.01.11 - 16:44:21

Quäl Dich du Sau

Wenn ich diesen Spruch beim Marathon am Rand sehe, kriege ich zwar regelmäßig das Kotzen, aber heute hatte ich so richtig Lust mich zu quälen. Start war heute 13:48 Uhr und Plan war 25km in ruhigem Tempo.
Aber keine Ahnung welche Hornisse mich gebissen hat, ich hatte jedenfalls Lust zu rennen. Also ging es erst mal die Hochleite entlang bis Großhesseloher Brücke, dann rüber auf die andere Seite, dann am Tennisplatz vorbei, dann den Berg runter und weiter Richtung Pullach, dort über die Brücke vom Brückenwirt zum Kleinen Brückenwirt (das ist allerdings nur ein Kiosk). Dort in den Grünwalder Hügeln die Yaktrax umgeschnallt und weiter gedüst, gemerkt dass mein Durchschnitt trotz Hügeln noch besser wurde und ab da gebissen bis zum Halbmarathon in 01:55h - mein erster im Training unter zwei Stunden dies Jahr. Absolut geiles Gefühl.
Dann habe ich die Yaktrax abgeschnallt und Tempo rausgenommen und habe am Schluß 27,15km in 2:29 Stunden auf der Uhr gehabt, Schnitt 5:30. Das kann sich sehen lassen, in meinem Trainingsplan. Die Strecke in SportTracks sieht auch toll aus, schöne Schleife gerannt. Nachdem die letzten Trainings recht schwer fielen, war das ein schöner Sonntagslauf. Tja ab und an gehört quälen einfach dazu.
Hatte sicher wieder eine knallrote Birne, mal sehen, was mein

Zeitungstandler ablästert, den habe ich unterwegs getroffen und er hat mich sogar noch erkannt. Aber ich glaube, ein paar Leute haben auch geflucht über mich, weil ich mitten durch die Pfützen durchgeknallt bin, wenn sie keinen Platz gemacht haben. Selbst schuld, wer stellt sich einem Ultra mitten in den Weg, wenn der gerade mal Speed drauf hat. Wir bremsen nicht für Spaziergänger. >:-[
Stdiut von MgMBlog @ 09.01.11 - 22:02:55

Lauf - trotz Kratz

Heute morgen hatte ich Halsweh, auf der linken Seite. War ziemlich nervtötend. Habe tatsächlich überlegt, ob ich damit nicht lieber pausiere.
Aber was soll ich sagen, ich bin natürlich trotzdem auf meine Mittagsrunde aufgebrochen. Es lief so lala - 5:37min/km im Schnitt und 11km insgesamt. Garmin 405 war wieder zickig am Anfang. Hat ewig gedauert. Ich hatte mir den Hals schön dick eingepackt, aber nur eine dünne Jacke und kurze Hosen angezogen. War aber okay bei dieser Nebelsuppe, obschon ein wenig Sonne hätte nix geschadet.
War ja immerhin angesagt, oder? :-/
Nur Handschuhe hätte ich vertragen können, ehrlich gesagt. Aber welch Wunder, nach der Runde durch den E-Garten, waren die Halsschmerzen fast weg. Na gut ein bisschen merke ich es schon noch, aber sie sind wohl weggehechelt worden.
Stdiut von MgMBlog @ 11.01.11 - 18:13:23

Ich brauche nichts

Ich brauche nichts, war mein Satz, als ich die Laufbar betrat. Und dann beim Gehen hatte ich natürlich wieder eine Tüte in der Hand. Warum? Also, Christian aus der Trainingsgruppe wollte seinen Gutschein auf den Kopf kloppen, also fuhren wir zur "Laufbar" um Schuhe für ihn zu kaufen. Monika und ich saßen herum und lästerten wie die beiden Alten aus der Muppet Show und stöberten durch die Regale. Dann fiel mir ein, he, ich habe ja noch den Läuferzehnkampf dies Jahr. Und schwupp ließ ich mir Spikes bringen,

probierte sie an und da sie mir auch noch optisch gefielen, waren sie gekauft. So kurbelt man die Wirtschaft an, oder?
Stdiut von MgMBlog @ 13.01.11 - 15:45:35

Misch-Laufband

Heute gab es wieder ein Misch-Training. Da ich in meinem Job zur Zeit viel zu tun habe und somit keine Lauf-Mittags-Pause einlegen konnte, ging ich abends ins kostenlose Fitness Studio in meinem Büro. Das Wetter war ja auch eklig, also wollte ich auch nicht am dunklen Abend durch nasse Pfützen stapfen. Und dann ging es auf dem Laufband los:
5 Minuten Elevation 8 und Tempo 8km/h, dann 15 Minuten Elevation 8 und 8,5km/h, dann 8 Minuten Elevation 4 und 11,5km/h und dann um die 5km voll zu kriegen noch 4:17min in 10km/h. Geschwitzt wie ein Affe in meinem Coach-Shirt, aber froh doch noch etwas getan zu haben. Sportlich in den Abend gerettet.
Stdiut von MgMBlog @ 13.01.11 - 18:58:34

Und wieder aufs Laufband

Und wieder aufs Laufband fürs Training, heute 35 Minuten und 6,11km - geschwitzt wie ein Affe. Erst Steigung 2 10,2km / h dann 5 Minuten 11km/h und dann runter auf Null Steigung und 12 km/h gerannt. Ist zwar ein ungewöhnliches Training und ich möchte es nicht immer machen, aber ins schwitzen kommt man ganz schön.
Stdiut von MgMBlog @ 14.01.11 - 17:33:10

Der Untergang

Nein nein, das Training war heute kein Untergang, nur der Tunnel an der Isar, der unter der Strasse durchführt heißt so. Lustig oder, siehe Bild.
Nach einem verspäteten Start in den Tag, habe ich zwar den ersten Termin verpennt (es gab aber gleich einen neuen) kam aber pünktlich um 11:00 Uhr

zum Training. Meine Trainingsgruppe hat heute 2x10 Minuten geschafft und dann sogar noch weiter gemacht. Ich habe das Pensum am Mittwoch lieber nicht angekündigt, so war es eine gelungene Überraschung. 3,4km standen zu Buche, wir nähern uns der 5km Marke, cool oder? Das hätte vor einem halben Jahr eh keiner geglaubt. Ich habe heute nur noch den Rückweg angetreten, denn mir fehlt eindeutig Schlaf.
Stdiut von MgMBlog @ 15.01.11 - 16:54:30

Sonnenschein Glück zu Zwein

Nach einem gemeinsamen Frühstück mit der aus Stadt und Land und vom Baltic Run bekannten Eva, machten wir uns heute mal zu zweit auf in die Spur. Sie musste sich an Ihre Pulsvorgaben halten und ich hatte 25km auf dem Plan. Das Wetter war wie Anfang Mai und es hatte hunderte von Spaziergängern an die frische Luft getrieben.
Kleidungstechnisch gingen die Läufermeinungen ziemlich auseinander, wir waren in oben Jacke und unten kurz.
Es ging die Hochleite entlang, dann Großesseloher Brücke, dann Tennisplatz und dann wieder Richtung Flaucher, denn Eva wollte nur 15km laufen und ich dann den Rest allein. Nach einigen Richtungsänderungen entlang des Flauchers hatten wir denn auch die nötigen Kilometer voll und nach einem Bussi war ich allein unterwegs. Die 15km hatte ich dann in 01:30h fertig und wollte mal etwas beschleunigen, weil es so super lief. Also ging es Richtung Baldeplatz und dann wieder auf die Läuferseite der Isar in Richtung Tierpark. Die nächsten 5km in sagenhaften 25:37min (5:07) und dann noch einmal etwas gemäßigter die letzten 5km in 26:48min (5:22).
Besonders bei den schnellen 5km war die Geräuschkulisse meiner Atmung für einige Nichtläufer (Laien) Grund genug, besorgt in meine Richtung zu blicken. Also ich fand die Tempobeschleunigung jedenfalls geil. Einer der Vorteile, wenn man nie mit Puls läuft und einem dieser dann dementsprechend scheißegal sein kann. Aber bei meinen Zielen ist der Puls auch nicht gar so wichtig. Wer weiß, wann man in diesem Winter noch einmal solche Einheiten machen kann, es ist ja gerade mal Januar.
Stdiut von MgMBlog @ 16.01.11 - 19:50:15

E-Garten - schon wieder

Jetzt ist es ein Jahr her (fast), dass ich mir habe die Sonne in Thailand auf den Pelz brennen lassen. Okay, Sonne hatte ich heute auch, aber Urlaub wäre auch mal nicht schlecht.

Der Job schlaucht tierisch zur Zeit. Aber zurück zum Laufen. Heute habe ich noch einmal ein Split -raining gemacht. 5km in einem Schnitt von 5:09 - 5km in einem Schnitt von 5:22 und dann noch 1,5km auslaufen.

Das schöne Wetter war sehr hilfreich für die Motivation. Ab Morgen soll es ja wieder kälter werden. Einen Tag setze ich jetzt wieder aus und dann mal sehen wie es Donnerstag weiter geht. Aber ich denke da könnte es mal etwas ruhiger durch die Grünanlagen gehen.

Stdiut von MgMBlog @ 18.01.11 - 18:23:49

Reha-Lauf

Heute endlich in die Pötte gekommen und gelaufen. Punkt 13:00 Uhr ging es los, die linke Hand umklammerte die Yaktrax, die Wasserflasche war dabei und ich war ziemlich eingemummelt. Es ist nämlich schweinekalt in München. Ein Ohr hatte ich immer in Richtung linke Wade, die brummte ja immer noch etwas, von dem gestrigen Krampf. Es ging in Richtung Hochleite, Grosshеßelhoher, Tennisplatz etc. Lief besser als vermutet. Habe zwar die Marathonzeit gerissen, aber am Schluss standen 20,78km nach 2 Stunden auf der Uhr. Aber wir wissen ja, dass die Hochleite in die Richtung einiges an Zeit kostet.

Trotzdem war ich nach den 2 Stunden froh, dass es vorbei war. Das deutet dann darauf hin, dass ich den Marathon in Bad Füssing wirklich nur als Trainingslauf sehen darf. Hoffentlich brennt mir nicht der Ehrgeiz eine Sicherung durch. Nach über einer Woche krank, sollte man es so kurz danach wohl nicht so krachen lassen. Dafür stellte sich heraus, dass ich im Januar tatsächlich die 200km geschafft habe. Ist zwar nur das Minimalziel, aber immerhin. Schon gestern rackerten sich die Ultras bei den 50km in Rodgau ab. Das wäre mir dieses Jahr aber echt zu früh gewesen. Habe ja im Januar keine langen Kanten gemacht. Ich habe aber wenig bekannte Namen gefunden, aber ich kenn ja auch nicht sooo viele.

Stdiut von MgMBlog @ 30.01.11 - 19:59:02

Trotz Unlust in die Spur

Eigentlich hatte ich ja schon wieder Null Bock zum Mittagslauf heute. Aber wenn ich das nicht mache, werde ich erstens immer fauler und zweitens immer fetter. Also habe ich heute meine dickste Hose angezogen, mich zugemümmelt und bin losgetrabt. Eigentlich war der Lauf gar nicht so schlecht, immerhin die 10km in 55:06 min geschafft.

Aber ich schwöre Euch, ich werde kein Winterfreund. Ich muss meinen Urlaub in Zukunft wieder so planen, dass ich im Winter mindestens eine Woche in wärmere Gefilde verschwinde. Ach, was war das noch schön mit 35 Tagen Urlaub, jetzt habe ich nur noch 30 Tage. Noch ein Grund mehr den Arbeitgeber zu wechseln.

Schaun wir mal. Sportlich geht es ab jetzt hoffentlich langsam los, ich denke so langsam komme ich wieder in Tritt. Aber so richtig fit bin ich nach der Erkältung immer noch nicht.

Stdiut von MgMBlog @ 01.02.11 - 16:22:50

Wenn morgens kein Bus fährt

Wenn morgens kein Bus fährt, ist das zwar eigentlich kein Problem, aber doch ärgerlich. Normalerweise ist die Entfernung lächerlich, aber in der Kälte wollte ich einfach nicht zu Fuß latschen und dadurch kam ich einen Hauch zu spät zu meinem Lehrgang.

Nachdem ich mir dann von 09:00 bis 17:00 Uhr den Arsch platt gesessen hatte, bin ich zu Hause angekommen gleich noch gelaufen. Und ich habe es tatsächlich geschafft, unter 10km zu laufen. In zunehmender Dunkelheit ging es entlang der Isar Richtung Norden und bei der Schweigerstrasse über die Brücke und dann wieder nach Hause. Es waren 7,25km am Schluss. Okay, ich gebe es zu, es waren eigentlich nur 7,24km und ich habe dann noch einmal die Starttaste gedrückt. Es sah einfach so krumm aus, auf der Uhr.

Morgen ist dann nur Ruhetag.

Stdiut von MgMBlog @ 03.02.11 - 20:35:55

Trainingssteigerung

Ich habe heute Morgen mal wieder den fiesen Trainer gegeben und habe die Laufzeit von Monika von 2x10 Minuten auf 2x12 Minuten gesteigert, natürlich ohne Ankündigung. Ihr kam es aber schon sehr merkwürdig vor, wie weit wir waren. Überlistung ist alles und so hat sie es gut geschafft. Das sind doch Steigerungen, die sich sehen lassen können, oder?
Ich selbst habe nur eine 500 Meter Sprint-Strecke eingelegt in 2:14 min und bin sonst ganz langsam getrabt. Auch ein Treppentraining war dabei, denn ich habe Monika ein Lauftagebuch und ein paar Zeitungen gebracht. Da ich wieder vergessen hatte, in welchem Stock sie wohnt, bin ich zu Fuß nach oben. Grausamer 5. Stock glaube ich.
Jetzt wird fertig gepackt und dann geht es nach Bad Füssing.
Schön langsam alles und morgen muss ich dann nicht so früh aufstehen. Wetter soll ja gut werden. Also Daumen drücken und bis Morgen!
Stdiut von MgMBlog @ 05.02.11 - 12:44:33

Ich berichte

Ich berichte dann morgen ausführlich von dem Johannesbad Thermen-Marathon in Bad Füssing. Heute bin ich einfach zu lustlos, um mein armes kleines Hirn noch zu sehr zu strapazieren.
Aber das Ergebnis ist für mich sehr zufriedenstellend. Marathon in etwa 03:58h beendet. Jetzt habe ich 6 Marathons über 4 Stunden und 7 Marathons unter 4 Stunden.
Stdiut von MgMBlog @ 06.02.11 - 20:12:23

Der Marathon in Bad Füssing

Jeder Lauf beginnt, nein, nicht mit dem ersten Schritt, sondern mit der Anreise. Die habe ich schon am Samstag erledigt, da ich Hektik am Morgen einfach hasse. Auf der Fahrt bin ich schon mal an meinem geliebten Saurier vorbeigefahren, der im Industriegebiet Winden steht. Den treffe ich immer auf der Fahrt nach Altötting, zum dortigen Halbmarathon. War irgendwie wie einen alten Bekannten treffen und hat mich aufgemuntert.

Ich fühlte mich ja nicht wirklich fit, nach der Erkältung. Und mein Magen hat seit zwei Tagen rumort, mei ,das war auch schon fast Dino-mäßig. Wetter war toll für die Fahrt und so sollte es auch bleiben.
Im Hotel wurde ich total nett begrüßt. Die Dame an der Rezeption streckte mir aus ihrem Glaskasten die Hand entgegen und sagte, „Ich bin die Brigitte." Cooler Empfang. Hotelzimmer sauber und okay. Kurz Laptop aufgebaut und los zur Startnummernausgabe. Dort alles abgeholt, die Nudeln gefuttert und überlegt, ob ich noch in die Therme gehe. Aber es war 17:10 Uhr und um 18:00 Uhr hätte sie geschlossen. Das war mir zu stressig und so ließ ich es sein. Einen Bekannten aus dem BDSG-Kurs getroffen und zurück ins Hotel. Um 19 Uhr dann mit einem Getränkegutschein ins Restaurant. In der Karte nicht ein einziges Nudelgericht. Also statt Nudeln Pommes mit Pute, schließlich haben Pommes ja auch Kohlehydrate. Nach zwei Glas Zweigelt beschwipst aufs Zimmer, Biathlon geguckt, mich über die Geräusche meines Darmtraktes gewundert und schlafen gelegt.
07:30 Uhr klingelte der Wecker. Habe mich aber einfach noch einmal umgedreht und das Duschen gestrichen. Vor einem Marathon duschen ist ja irgendwie Wasser- und Seifen- Verschwendung, oder? Um 08:00 Uhr dann langsam zum Frühstück, zwei Rosinenbrote und eine Semmel gefuttert. Dann aufs Zimmer und Zähnchen putzen und die Einschmier-Kür gegen Blasen und Wundstellen.
Um 09:30 Uhr ging ich dann langsam los, wohnte ja nur etwa 400-600m entfernt vom Start. Sachen ins Auto geschmissen und noch 5 Bücher von meinen "Lauf Verse"-Exemplaren zum Auslegen mitgenommen. Dort noch kurz Bernd getroffen, den Organisator des MIAU in bayerischer Tracht. Dann langsam einsortiert und schon kam der Startschuss bei herrlichem Sonnenschein.
Stdiut von MgMBlog @ 07.02.11 - 18:24:40

Der Marathon - als Lauf

Tja, Startschuss und los geht es, nach ca. 2 Minuten war ich über die Startlinie oder in diesem Falle unter dem Kabel des Empfängers mit dem mein Chip in der Startnummer verhandelte, durch. Chipzeit halt :))
Am Anfang war es noch relativ eng und schon nach 400m war der Lauf für

die erste Teilnehmerin beendet. Sie hielt die Hände vor das blutverschmierte Gesicht und heulte vor Schmerzen, scheinbar war sie auf die Kofferhaube eines parkenden Autos geknallt, die Ursache habe ich aber nicht gesehen. Da genug Helfer zur Stelle waren, liefen wir anderen doppelt vorsichtig weiter. Die Strecke war an fast allen Stellen asphaltiert.
Allerdings war es nicht so ganz flach, vor allem die erste Hälfte der zweimal zu durchlaufenden Runde ging leicht wellig dahin, so etwa wie die Hochleite auf meiner Trainingsstrecke.
Tja, und nun zu meiner Taktik. Da ich ja wusste, dass ich eigentlich nicht in Form bin, hatte ich mir vorgenommen, den Marathon als Training zu nutzen und die erste Hälfte schnell zu laufen, um dann die zweite Hälfte auszutrudeln, das soll wohl die Fettverbrennung schulen. Also durchlief ich die Kabel über meinem Kopf nach 01:53h und hatte den Halbmarathon geschafft. Unterwegs gab es nur eine einzige Stelle im Wald, wo der Kernschatten dafür gesorgt hatte, eine eisglatte Fläche zu bilden, die auch nicht schmolz, da dort keine Sonne hinkam. Diesen kurzen Abschnitt absolvierten wir im Gänsemarsch, sonst war es für diese Jahreszeit ungewöhnlich warm und wunderbar sonnig.
Auf der zweiten Runde wusste ich ja nun, dass es ziemlich in den Schenkeln ziehen würde, auf dem ersten Teilstück, also nahm ich Gas raus und labte mich auch durchaus mehr an den Getränkeständen. Mal ein Tee, dann ein Iso oder auch ein Wasser, gegen die süße Brühe.
Bei Kilometer 35 und nach 03:15h überholte mich der Pacemaker für 4 Stunden. Damit war er wohl etwas zu flott unterwegs und hatte auch niemanden von seinen Schäfchen im Schlepptau. Fand ich etwas verwunderlich, aber ich war ja noch nie Zugläufer. Ab da ließ ich mir dann noch mehr Zeit und trudelte tatsächlich noch knapp unter vier Stunden ins Ziel. Also, mit so einem Jahresstart kann ich sehr zufrieden sein. Nach dem Lauf trank ich noch zwei Erdinger Alkoholfrei und war somit bestens für die Heimfahrt gerüstet. Ich dankte noch meinem Saurier unterwegs, dass er mir so viel Glück gebracht hatte und kam breit grinsend mit einer schönen Medaille zu Hause an.
Stdiut von MgMBlog @ 08.02.11 - 16:39:29

Faulheit siegt

Konnte mich heute noch zu keinem Training aufraffen, obwohl eigentlich gar nix zwickt. Aber Erholung muss sein, wessenthalben ich erst am Samstag wieder ins Training einsteigen werde. Und ab da gehts dann aufwärts, denn Anfang März ist der nächste Wettkampf angesagt, 6 Stundenlauf in Nürnberg.
Stdiut von MgMBlog @ 09.02.11 - 18:08:53

Duster

Heute Morgen war es beim Loslaufen zappenduster aber das Wetter hat gehalten. Bin heute wieder mit meinem Laufschützling Monika gelaufen. Zwei Etappen, a 12:53 min und 14 min. Dann haben wir kleinen Restlauf gemacht und kamen schon einmal auf 3,20km. Und es lief gut. Und das nach dem reichlichen Essen, dass sie uns noch einen Abend vorher, also vor ein paar Stunden serviert hatte. Sie hat nämlich extra für uns gekocht.
Mein Blog hat zwei Tage lang leiden müssen, weil auf Arbeit einfach zuviel los war. Da konnte ich abends einfach nicht mehr denken. Aber da ich ja bis heute mit dem Laufen pausiert hatte, war ja auch nix zu berichten. Jetzt geht es wieder los mit dem Training und der Vorbereitung auf die 6 Stunden von Nürnberg.
Stdiut von MgMBlog @ 12.02.11 - 17:52:38

Langsam kann ja eigentlich jeder

Heute bin ich mal ganz langsam angelaufen, so mit 6:38min auf den Kilometer und dann dachte ich mir, langsam kann ja eigentlich jeder. Also bin ich 5km etwas schneller gelaufen und hatte den ersten Fünfer nach 28:40min beendet. Da zeigte mein Garmin so 5:30 auf der Uhr, also den Schnitt sollte man nie so ernst nehmen. Dann sackte ich aber relativ fix auf 5:36min/km ab, was mich irgendwie ärgerte und so beschloss ich die nächsten 5km noch einmal anzuziehen und dann den Rest nicht ganz so flott zu machen. Also war der nächste Fünfer nach 27:08min vorbei.
Jetzt ging es vorbei am Brückenwirt und rüber in Richtung Grünwald und in

das hügelige Stück zurück in Richtung München. Für die nächsten 5km benötigte ich dann schon wieder 28:47min. Dann flach weiter, achtete ich nur noch darauf unter dem Sechser-Schnitt zu bleiben. Das nächste Fünferstück war nun in 29:08min absolviert und bis nach Hause trudelte ich dann noch 1,25km zusätzlich aus. Gesamtbilanz 21,25km in 02:00:55h, d.h. den HM unter 2h hätte ich dann wohl verpasst, um ein paar Sekunden. Gott sei Dank, ist das im Training relativ wurscht. Die Sehnen haben aber ganz schön geknirscht, nachdem der letzte Marathon ja auch gerade mal 7 Tage her ist, kein Wunder.
Ick werde ja och nich jünger, oder wat. Wochenbilanz 32,11km, ist steigerungsfähig.
Stdiut von MgMBlog @ 13.02.11 - 16:24:41

Laufziele

Meine nächsten Laufziele sind, erstens aufraffen, zweitens den Montag überstehen und da ich am Mittwoch zum Essen verabredet bin, muss ich morgen laufen. Dabei war ja für morgen Regen angesagt, aber wenn meine dreistündliche Voraussage stimmt, wird es morgen auch wieder schön. Dann geht es mal langsam dran den Umfang wieder zu steigern. Den kürzesten Wettkampf für dies Jahr habe ich ja schon überstanden, den Marathon. Ab März geht es wieder auf Ultrastrecken. Immerhin stehe ich in der Marathon Bestenliste für dies Jahr auf einem guten Platz knapp über 300 für ganz Deutschland. Aber da werde ich sicher noch gnadenlos durchgereicht ;D
Stdiut von MgMBlog @ 14.02.11 - 16:55:23

Lauffieber

Heute Mittag bin ich einem Kollegen aus meiner Firma hinterher gerannt, der zeitgleich mit mir aus dem Haus ging. Ich musste warten, bis mein Garmin eingeloggt war und hatte ihn erst nach 2 Kilometern. Dabei ging es heute ziemlich flott, das Einloggen meine ich. Wir drehten heute eine kurze Runde in Richtung Norden über das Wehr und dann zurück. Das ergab aber gerade mal 7,15km also lief ich dann noch eine Schleife Süden Richtung Gasteig

und drehte vorbei an der Altöttinger Loretokapelle. Beim zurück laufen sah ich, dass es ein Gefälle von 16% herunter ging und dachte noch, wow, dann muss die Steigung ja auch 16% sein, die ich gerade rauf gerannt bin.
Cool oder?
Tempo war heute nicht möglich und nicht angesagt, aber mit den 58 Minuten war ich sehr zufrieden. Alter Mann ist doch kein D-Zug. Oder sagt man jetzt Intercity Express ???:??:
Stdiut von MgMBlog @ 15.02.11 - 16:38:36

Zwei Paar Laufschuhe

Zwei Paar Laufschuhe bestellt für 177 Eurönchen. Einen GT2160 und einen Lunarglide +2 oder so. Hatte allerdings gestern echt Schwierigkeiten mit der Homepage. Aber der Betreiber hat sich tatsächlich zurück gemeldet und seine Page korrigiert. Erst der dritte Browser brachte das gewünschte Ergebnis. Ich konnte natürlich nicht warten, bis die Seite korrigiert worden war, sondern habe lieber schnell den funktionierenden Browser installiert. Und jetzt heißt es wieder lauern, bis die Lieferung eintrifft, aber das dauert nicht lange, ist schon im Lieferdienst, also im HUB.
HUB = Hauptumschlagsbasis - lautete das bei meinem Ex-Arbeitgeber. Nicht verwechseln mit dem Lied, da heisst es "Lets go to the hop." :DD
Hoffentlich gehen jetzt die Laufschuh-Läden nicht pleite, weil ich Knete spare, aber ich schicke ja immer alle Anfänger zu einem Laufschuh-Händler meines Vertrauens, damit die Anprobe auch professionell ist.
Stdiut von MgMBlog @ 16.02.11 - 17:12:24

Erstens ist es wärmer

Erstens ist es wärmer und zweitens als man denkt. War echt erstaunt, wie warm es doch auf der Laufrunde war. Habe sogar die Handschuhe ausgezogen. Heute Morgen fand ich es ja noch schweinekalt. Die Runde ging heute wieder durch den Englischen Garten, bis zur Emmeramsmühle und dann retour, wobei ich heute mal nicht zum See gelaufen bin, sondern den Schluss etwas variiert habe. Mal sehen, wie das Bild ausschaut, so

Garmin denn eins erzeugt hat. Meine Schuhe sind heute auch schon eingetroffen, grell-neongelb und rot strahlen mich die Treter an. Ich hab wohl dies Jahr meine rote Phase :-). Die blaue kriegt man wohl erst, wenn man alt wird.
Stdiut von MgMBlog @ 17.02.11 - 17:56:00

Trennungen

Trennungen fallen immer schwer. In diesem Falle muss ich mich von Laufschuhen trennen. Dabei waren sie so nette Wegbegleiter und haben mich im Letzten Jahr von Erfolg zu Erfolg geführt. Aber wie heisst es so schön, Nothing lasts forever. Ich muss mindestens 3 Paar ausrangieren, dann habe ich 4 Paar für zu Hause und die langen Strecken und 2 Paar auf der Arbeit, für die 10 - 15km-Läufe in der Mittagspause. Zu meiner Verteidigung, ich habe keinen Sneaker-Fetisch, die werden wirklich alle benutzt fürs Laufen.
Eine Zeitlang habe ich die alten Schuhe noch verkauft oder besser ersteigern lassen, aber irgendwie macht das mehr Arbeit als Nutzen. Bei mir sind die Schuhe immer schon nach 600 - 700km ausgelatscht und hart. Wahrscheinlich weil ich kein Leichtgewicht bin. :oops:
Stdiut von MgMBlog @ 18.02.11 - 17:28:57

Gruppenrekord

Heute waren wir beim Training leider wieder nur zu zweit. Aber bald kann unser Christian wieder einsteigen, wäre ja sonst schade um seine neuen Schuhe.
Meine weibliche Begleitung hat sich heute wieder selbst übertroffen, 1x 15 Minuten und 1x sogar 17:40 Minuten mit einer Gesamtstrecke von 3,5km. Da überlegen wir doch schon mal, wie lange es noch dauert 30 Minuten zu laufen und dann gehen wir auf die 10km.
Das Wetter war eigentlich ganz gut, also grau, aber längst nicht so kalt, wie noch am Abend davor. Meine neuen roten Asics sind heute nebenbei auch noch eingeweiht worden. Mir selbst fiel das Laufen heute relativ schwer, ich

sollte evtl. doch mal eher ins Bett gehen. Ich bin insgesamt 16km gelaufen, aber ich kam nicht mehr in ein Tempo. Aber in der Ruhe liegt die Kraft, oder?
Stdiut von MgMBlog @ 19.02.11 - 20:20:58

Abgekürzt

Habe heute meine zwei Stunden Training auf 1,5 Stunden abgekürzt. Es ging die Hochleite hoch, bis zur Großhesseloher Brücke, dann bei der Marienklause runter an die Isar und wieder Richtung Norden. Die ersten 5km in 28:35min die zweiten in 26:29min und ab da wollte ich Gas rausnehmen und es ergab dann noch 5km in 27:21min. Da kann man mal sehen, wie die Hochleite in Richtung Süden bremst, denn mehr angestrengt habe ich mich bei den zweiten 5 Kilometern auch nicht. Da ich mir fest vorgenommen hatte 1,5 Stunden zu laufen, bin ich natürlich dann noch ganz sachte ausgetrudelt und am Schluss waren es 16,27km in 01:30h. Wenn man schon abkürzt, sollte man wenigstens das einhalten. Also gegen gestern war da gar kein Vergleich, aber kein Wunder ich war ja auch schon um 02:30 Uhr im Bett und nicht erst um 03:00 Uhr :DD Wochenpensum 53,44 km - geht so.
Stdiut von MgMBlog @ 20.02.11 - 16:47:46

Es gibt so Tage

Da läuft es gar nicht. Bin heute in der Mittagspause zum Laufen aufgebrochen und auf der Strecke förmlich eingebrochen. Also entweder fehlt mir Schlaf oder es ist doch nicht gesund, am Abend in die Sauna zu gehen und dann am nächsten Tag zu laufen. Die Beine waren schwer wie Blei, kam mir vor wie eine Schnecke.
Habe mich dann gerade noch so auf einen 6er-Schnitt retten können, also 05:59min damit es besser aussieht.
Muss mal sehen, ob es dann die nächsten Tage wieder besser geht. Ich denke mal, ich brauche mehr Schlaf, dann passt das schon.
Stdiut von MgMBlog @ 23.02.11 - 17:16:21

Hügeltraining

Heute habe ich mich wenigstens für 5,5km aus dem Haus bewegt. Ganz malerisch unterm Friedensengel bin ich die Hügel rauf und runter getappst. Schnitt von 05:47min/km. Für die Plackerei war das gut. Aber ich denke mal, die Sonne hat auch gut getan. Und ich habe mich bewegt.
Stdiut von MgMBlog @ 25.02.11 - 17:57:21

Mir fehlt ein Plan

Manchmal war es wirklich angenehmer, einen Trainingsplan vor die Nase gesetzt zu bekommen und dann einfach abzuarbeiten. Gut, auch da war ich relativ kreativ in der Umsetzung, aber dafür habe ich jetzt eigentlich nie einen Plan, sondern wandle die 4 Wochen vor einem Wettkampf - denn ich habe fast alle 4 Wochen einen Wettkampf, jedenfalls einmal pro Monat - in eine Art kurzfristige Wettkampfvorbereitung um und bunker entweder Kilometer oder mache bei kürzeren Sachen auch mal einen Tempolauf. Dadurch weiß man eigentlich nie wo man steht. Andererseits ist man ja nie wirklich außer Training. Ich habe so ziemlich alle Trainingsmethoden mal probiert und bin jetzt bei der Methodik Röthlin hängengeblieben, denn irgendwie erscheint mir die am meisten logisch zu sein.
Heute bin ich etwas später als geplant in die Laufschuhe geschlüpft und habe auf leeren Magen 20km absolviert. Geplant waren 20km im 6er-Schnitt, raus kamen 20,47km in 01:58:47h. Schuld an dem Zu-schnell-sein war er, der andere Kerl, ein Läufer. Ich bin ganz gemütlich gelaufen und war sogar leicht über 6, was mir eigentlich wurscht war, aber dann kam ich näher und näher an diesen anderen Läufer heran. Und was macht der? Beschleunigt plötzlich und zwar immer nur genau so viel, um mich nicht vorbei zu lassen. Das hat mich irgendwann so geärgert, dass ich einen Tempoantritt gemacht habe und wupp vorbei war. Er hat zwar noch 500m versucht hinterher zu kommen, aber wenn ich erst mal in Fahrt bin, rolle ich. Als ich seinen Atem nicht mehr hörte, habe ich zwar Tempo raus genommen, aber runterdrosseln auf einen 6er-Schnitt konnte ich mich nicht mehr.
Auch egal, mache ich halt Sonntag langsamer. Die Strecke führte heute erst Richtung Norden, rechts der Isar bis zum Kabelsteg dann rüber links der Isar an der St. Lukaskirche vorbei wieder Richtung Süden, bis zur winzigen

Brücke an der Großhesseloher Brücke, dort gewendet Richtung Norden und Retour bis zur Brudermühlbrücke, wo ich dann Richtung Heimat austrudeln ließ.
Das Wetter war mehr als super, nur manche Wege waren noch matschig. Schöner Lauf!
Stdiut von MgMBlog @ 26.02.11 - 20:19:47

Aua - Aua

Heute ging es wieder in die Laufschuhe, heute in die Roten. Hat aber nix mit der Leistung zu tun. Mein Garmin und auch mein Sporttracks zeigen heute beide Sachen an, die ich auf der Uhr nie gesehen habe. Tja Hard- und Software mit Charakter.
Es ging wieder nordwärts und dann beim Kabelsteg in Richtung Süden. Immer weiter, am Brückenwirt vorbei und dann noch hinter zu dem EON-Kraftwerk und dort auf den Damm. Das war Premiere, ich bin noch nie da oben gelaufen, war aber cool. Die ersten 20km habe ich noch knapp unter 2 Stunden geschafft, aber dann ging es irgendwie bergab. Mein Gejapse ging mir auf den Keks, also habe Tempo raus genommen. Heute waren mir nur die 30km wichtig.
Außerdem hat mich der rechte neue Schuh genervt. Hatte so ein Druck unter dem Fussballen, dass ich fast nicht mehr laufen konnte. Habe erst die Socke untersucht und dann Einlegesohle und Socke. Nachdem ich dann die Sohle wieder eingelegt hatte, ging es plötzlich. Scheinbar hatte sich da irgendein Huckel gebildet.
Als ich dann so Höhe Tierpark war, erwachten meine Lebensgeister dann sogar wieder. Da ich einen vor mir laufenden Läufer unbedingt von vorn sehen wollte, habe ich beschleunigt. Merkwürdig, daß man noch Leute überholen kann, wenn man eigentlich gefühlt nur noch so dahinkriecht. Nach 30km habe ich sofort erst einmal auf Stopp gedrückt und bin 3 Minuten gegangen. Ziel erreicht.
Ich muss schon sagen, der Marathon in Bad Füssing ist mir leichter gefallen, als der heutige 30iger Lauf. War nebenbei bemerkt auch mein erster in diesem Jahr. Bin dann beim Baden sogar in der Wanne eingenickt. So fertig war ich schon lange nicht mehr. Aber egal, ich kann ja schon wieder tippen,

also habe ich das Ding überlebt. Auf zu neuen Taten.
Eingetragen habe ich jetzt 31,69km für heute. Die Woche beläuft sich auf 68,90km und der Monat - da ich morgen sicher aussetze - 222,66km. Wow, die Zahl ist ja wieder so cool, die kann man sich nicht ausdenken. :>>
Stdiut von MgMBlog @ 27.02.11 - 20:30:01

Frühling

Der Mann aus dem Tunnel

Heute habe ich mich warm eingepackt, denn Wetterbericht sagte es sind 6 Grad aber gefühlt wie Minus 2.

Und da ich auch noch ein Matschauge habe, kam dann noch die Laufbrille auf die Nase, um mich vor dem kalten Wind zu schützen. Wahrscheinlich sah ich aus, wie ein Laufzombie. Gott sei Dank, gibt es keine Papparazzi-Bilder davon. Nach den ersten Metern hoppelte ein junger Läufer in Blau neben mir aus dem Tunnel und setzte sich genau vor mich. Da ich ohne Atemschwierigkeiten gut hinter ihm vorankam, nutzte ich ihn eiskalt als Pacemaker. Wahrscheinlich war der arme Junge schon verzweifelt, denn er drehte sich ab und an um und versuchte zu beschleunigen, was ihm aber nix nützte. Ich hielt stur meinen Abstand von so ca. 2 Metern. Aber am Wehr bog er dann links ab und ich rechts, auf meine gewohnte Tour.

War aber ganz nett die unfreiwillige Begleitung, also Läufer in Blau, danke! Durch diesen Pacemaker Service war ich etwas schneller unterwegs, als ursprünglich geplant. Nach 53:48 min waren die 10km geschafft. Der Wind war wirklich eisig, aber es war strahlender Sonnenschein, allerdings noch ziemlich matschig hie und da. Insgesamt ein Hurra, ich bin wieder schön gelaufen.

Stdiut von MgMBlog @ 02.03.11 - 18:33:30

Ich haue mal einen raus

Ich haue mal einen raus, hätte wohl ein Kugelstoßer gesagt. Heute ging es nach einem kurzen Arbeitstag und einem kurzen Mittagsschlaf um 16:30 Uhr so gegen 17:30 Uhr auf zu einem 10km-Lauf.

Strecke heute die Hochleite bergauf und bergab. Nach einem Kilometer merkte ich, he, das Tempo ist ja Klasse. Also drückte ich auf die Tube, denn wenn es schon mal geht, sollte man es ausnutzen. Okay, das Gejapse war etwas laut, aber was stören mich die anderen Leute. Um mich nicht mehr zu sehr abzuhetzen, habe ich mir inzwischen angewöhnt, immer bei 5km auf Zwischenzeit zu drücken. Dann hat man einen ruhigeren Gesamtschnitt.

Meine Rundenzeiten waren 25:25 Minuten und 23:32 Minuten = wow, 48:57

Minuten für 10km. Damit habe ich ja mein Ziel einmal im Jahr unter 50 Minuten zu bleiben dies Jahr schon sehr früh erfüllt. So cool.
Vielleicht sollte ich mich doch mal wieder um die Kurzstrecken kümmern. (Joke) Nein ich bleibe bei Ultra, aber so kleine Erfolgserlebnisse versüßen einem doch das Wochenende.
Stdiut von MgMBlog @ 04.03.11 - 20:00:45

Laufgruppendynamik

Heute standen wir endlich wieder zu dritt an der Startlinie. Und pünktlich ging es los. Heute haben Christian und Monika 4km in 37:50 Minuten geschafft, mit einer Gehpause von 2 Minuten. Das heißt ,die zweite Etappe waren 20:50 Minuten. Das geht doch vorwärts oder?
Da macht doch das Wochenende gleich wieder Spaß.
Ich bin dann anschließend noch so vor mich hingetüdelt, ohne groß vorwärts zu kommen. Also, habe ich etwas gegen meine Lahmarschigkeit getan und bin 3x500m auf Tempo gerannt. Immerhin 2:18 min pro 500m. Gut ging auch schon mal schneller, aber es ist ja auch noch kein Rennmeister vom Himmel gefallen, oder?
Am Schluss standen fast 15km auf meiner Uhr, 14,97km genau heute. Mehr Lust hatte ich aber auch nicht.
Stdiut von MgMBlog @ 05.03.11 - 16:57:14

Was war denn heut bei Läufers los

Na was wohl, natürlich sind wir gelaufen. Um 10:30 Uhr kam erstmal Eva zum Frühstück. Dann machten wir uns auf den Laufweg. Eva begleitete mich nur 8km, sie muss nach einer Erkältung erst wieder aufbauen. Aber als Bremsläufer bin ich ja bestens geeignet. Richtung Norden machten wir den Rückknick nach Süden beim Deutschen Museum, durchliefen den Untergang und verabschiedeten uns dann an der Brudermühlbrücke, von wo aus ich Richtung Süden weiter stakte. Am Flaucher Biergarten wird schon wieder etwas umgebaut, der muss sich beeilen, sämtliche Zugvögel kehren schon zurück, es wird wohl bald warm. Heute wehte eher die eisige kalte Nordbrise. Das merkte ich besonders, als nach dem EON-Kraftwerk wieder auf das

Wehr bog. Echter Nordwind blies mir da ins Gesicht, bloß gut, dass ich ein Mützchen trug. Die Mütze ist schon uralt und stammt noch vom ersten Silvesterlauf, den ich jemals in München gemacht habe. Ich glaube, das war 2005. Da gab es diese Mütze vom Hertie, der sein Stammhaus noch am Hauptbahnhof in München hatte und nicht wusste, dass erst sein Haupthaus und dann sein Name verschandelt wird. Ach, die guten alten Zeiten.
Heute lief ich ziemlich genau 30km in 3:03 Stunden, also ein Schnitt von 6:06 min/km, glaube ich. Und heute ging es mir auch überhaupt nicht dreckig anschließend, so wie letzte Woche. Ich sage ja, der erste 30iger ist immer brutal.
Nach einem Erdinger Alkoholfrei, übertrug ich meine Daten und siehe da, diese Woche war es nur 1km weniger als in der letzten. Jetzt können wir die Woche entspannt angehen und am Samstag geht es auf den 6 Stunden Kurs à 1522 Meter pro Runde.
Stdiut von MgMBlog @ 06.03.11 - 22:03:23

Was ist denn heute für ein Tag?

Was ist denn heute für ein Tag? Mein Körper fühlt sich heute wie Montag, der Geist wie Freitag und in Wirklichkeit ist es Mittwoch.
Immerhin bin ich bei strahlendem Sonnenschein, in kurzen Hosen und mit roten Schuhen 10km gelaufen. Das Wetter war aber auch herrlich. Bin einfach nur zur Isar gerannt und Nord-Süd gependelt. Wollte was fürs Auge und ein paar Läufer sehen. Alle Faschingsmuffel nutzten denn auch die Zeit für Spazierengehen, Entspannen, in die Sonne blinzeln, Fahrrad fahren und wie ich zum Laufen.
Das Tempo wurde immer schneller, ich konnte mich einfach nicht bremsen, obwohl ich eigentlich wollte. Gott sei Dank, konnte ich dann bei Kilometer 7 mal kurz stoppen, um mit einer Bekannten zu ratschen. Bettina kreuzte meinen Weg. Nach der kurzen Pause hatte ich das Tempo kontrollierter im Griff, sonst wäre ich noch hyperventiliert:-/.
Die Endzeit war dann 55 Minuten für die etwas mehr als 10km. Für einen lockeren Lauf wohl genug.
Stdiut von MgMBlog @ 09.03.11 - 12:24:24

Der Bericht zum Nürnberg: Self-Transcendence 6-Stunden-Lauf

Die Geschichte beginnt erst einmal mit einer Katastrophe, menschlich. Am Freitag Abend kam ich endlich mal wieder dazu, auf die Seite des Veranstalters zu klicken und sah eine Teilnehmerliste. Aber was ich da zu sehen bekam, versetzte mich erst einmal in eine Schockstarre. Da hatte ich nun rechtzeitig gebucht und wer nicht auf der Liste stand, war ich. Was also tun? Natürlich erreichte ich niemanden mehr, schließlich ging der Lauf ja schon am nächsten Morgen los und die Veranstalter mussten sich um die Leute kümmern, die in Nürnberg übernachteten. Auch sonst gab es sicher noch genug zu tun.

Also, grübelte ich die halbe Nacht, ob ich jetzt fahren sollte oder eben nicht. Dilemma - Fahrkarte gekauft, Zugbindung da billig. Lauf bezahlt, nicht auf der Liste aber bei Nichtantritt keine Erstattung. Sollte ich also jetzt von einem Fehler des Veranstalters ausgehen oder auf Ausfälle hoffen, denn die Teilnehmerzahl war "strikt" auf 160 beschränkt. Ich futterte als abends meine Nudeln, war relativ unsicher und schlecht gelaunt und schlürfte ein Gläschen Rotwein, in der Hoffnung der Wein würde mich geistig beflügeln. Weit gefehlt. Also knallte ich mich um 00:30 in die Federn und stellte den Wecker auf 06:00 Uhr, um zu sehen, wie ich mich morgens fühlen würde. Das Lauftäschchen war gepackt. Basta.

Um 06:00 Uhr stand ich auf und hatte geschlafen wie ein Toter, wenigstens das war okay. Da auf der Seite noch etwas von "es sind doch noch Plätze frei" stand und ich der schönen Wassilissa wieder einmal voll vertrauen konnte (Der Morgen ist klüger als der Abend.), machte ich mich auf den Weg. Es wird schon klappen.

Also, auf zum Bahnhof, ab in den Zug. In Nürnberg zu Fuß zur Wörther Wiese, schon von weitem die Stände gesehen und zur Anmeldung. Dort wurde ich nicht gefunden und musste prompt zum "Trouble Desk" in Person von Marc Wessely. Der machte auch gar keine Umstände, denn die Überweisung hatte ich ja noch und gab mir einfach die Startnummer 171, wies mich der Zählstation HH zu und der Kas war bissen, wie der Bayer sagt. Umsonst abends aufgeregt.

Somit marschierte ich zur Umkleide und bereitete mich auf den Lauf vor. Las noch meine Daumen-Drück-SMS von Monika und Christian (ohne die geht ja gar nix) und mischte mich so langsam unters Laufvolk. Da waren viele unbekannte Gesichter, aber auch viele

Bekannte, wobei ich nicht alle per Namen ansprechen könnte, aber Gott sei Dank, geht es den meisten Läufern, die man so kennt genau so.
Pünklichst um 10 Uhr knallte der Startschuss und es ging los. Ich war oben und unten kurz, war zwar noch etwas kalt um die Uhrzeit, aber es sollte ja noch warm werden. Gefroren habe ich jedenfalls nicht. Am Anfang war der Haufen noch dicht gedrängt und man musste sich an seiner Zählstation immer anzeigen, damit man die Runden auch bekam. Der Sprecher sagt am Anfang alle Nummern an, die vorbeiliefen, hatte was von einer amerikanischen Auktion, klang witzig.
Somit ging es jetzt ans Kilometer sammeln. Der Weg war durchgehend asphaltiert, untere Seite Sonne und obere Seite Schatten. Die Runde führte im Uhrzeigersinn und der Start war etwas versetzt. Auf der Wiese standen 3 Dixie-Klos für die ca. 170 Läufer, die auch genutzt wurden, ich habe nur mal 22 Gestalten im noch nicht grünen Gebüsch gesehen. Und ich war auch im Dixie, aber nur einmal.
Stdiut von MgMBlog @ 13.03.11 - 13:44:34

Der Bericht zum Nürnberg: Self-Transcendence 6-Stunden-Lauf, Teil 2

Mehr Sorgen als der Gang aufs Dixie-Klo machten mir allerdings die Füße. Ich hatte Schmerzen an der linken Seite des Ballens. Da habe ich zwar immer Hornhaut, aber so ein Scheuern eigentlich nicht. Ich zupfte erst einmal an der Sohle vom Schuh, dann zog ich ihn einmal aus und bei Kilometer 20 etwa hielt ich es überhaupt nicht mehr aus und beschloss die Schuhe zu wechseln. Eine gute Idee, wie sich zeigte. Den Socken zog ich lieber nicht aus, um nicht das Elend zu sehen, dass sich bis dahin ereignet hatte.
In den Wechselschuhen ging es jedenfalls gut weiter voran. Die Runde des Schuhwechsels war natürlich etwas langsamer, woraufhin mein Zähler Felix fragte, ob ich Pause gemacht hätte. Also bei Zählstation HH war man aufmerksam.
Unterwegs gab es einiges zu bestaunen. Eine Laufgemeinschaft „Petuschi Racing Team", die waren echt am lustigsten drauf, wobei mir am meisten der Mann mit den Radlerbeinen im Gedächtnis bleiben wird, nicht bös sein. :oops:
Dann so kleine Läufer, 3 Jungs und zwei Mädchen, bei denen ich hätte

schwören können, sie sprechen ungarisch (ich spreche nämlich ungarisch und die eine Frau sprach mit den Mädels ungarisch), allerdings stammen sie wohl aus Serbien, „Verein USS Palic“. Früh übt sich.
Und eine Dame, die entweder zuviel Whisky gekippt hatte oder mal ein Mann war. Ich tippe auf Letzteres. Das finde ich gut, so etwas gibt es selten und gehört einfach dazu. Die Zöpfe waren zwar strange, aber sie hat sich mächtig angestrengt. Sonst sah man einige Ultra-Läufer. Einige kannte ich vom Baltic Run, dann welche vom MIAU und natürlich die LG Nord Berlin, die ja irgendwie nirgendwo fehlen dürfen. :))
Das Buffet war immer reichlich gedeckt und sehr umweltbewusst, es gab keine Wegwerfbecher, sondern die Becher wurden gesammelt, abgespült und wieder eingeschenkt, es waren so klobige robuste Kameraden aus Plastik. Gute Idee.
Das Racing Team fing dann gegen Mittag sogar noch an zu grillen, wobei es mich bei so einem fettigen Burger eher gewürgt hätte. Mit den Nürnbergern, die Ihre Wiese heute nicht wie üblich nutzen konnten, waren wir Läufer in friedlicher Koexistenz. Ich habe nur mal einen Radfahrer gehört, der Spaziergängern sagte, hier ist eigentlich der Radweg, woraufhin sie auf uns verwiesen.
Aber das Problem kenne ich ja auch aus München. Da steht am Radweg "Achtung auf Fußgänger" und die meckern trotzdem, wobei ja immer genug Radler auf dem Fußgängerweg fahren.
Zurück zum Lauf. Also eigentlich lief es gut und für dies Jahr fehlen mir ja auch noch so richtig lange Kanten, wie ich sie z.B. letztes Jahr im Januar gemacht hatte. Zwischen Garmin und der Rundenzählung lagen natürlich wieder Welten. Zudem hat mich der arme Felix dann völlig aus dem Rhythmus gebracht. Man bekam nämlich bei Kilometer 50 eine rote Fahne für die nächste Runde in die Hand, um allen zu zeigen, dass man die 50iger-Marke geschafft hat. Und als ich dann wieder bei ihm war, sagte er, er hätte mir die Fahne zu früh gegeben. Da ich von Zählung und Blase etwas genervt war, lief ich einfach so weiter wie es ging und hatte keine Ahnung, wieviel ich denn nun hatte. Bei der vermutlich letzten Runde drückte mir Felix dann die blaue Fahne in die Hand, die man einfach bei Schlusspfiff ablegte, für die Schlussmessung. Ich muss zugeben, ich war dann eh alle und bin die letzten zwei Runden eigentlich nur noch marschiert. Ganz am Ende latschte ich dann über die Wiese, nahm noch ein Malzbier und dann ging es zur Schule

und Dusche.
Dort war natürlich Andrang, Waschraum mit 3 Duschen für alle Männer. Aber es ging sehr diszipliniert zu und wir beschleunigten das Verfahren, einer duschte, der nächste seifte sich ein. Cool und witzig. Okay, hätte man sehen müssen.
Was ich lieber nicht hätte sehen wollen, war der Anblick meines Fußes ohne Socke. Igitt, da prangte eine riesengroße Blutblase, wie in meinem Gedicht (Lauf Verse).
http://stdiut.blog.de/2008/09/05/angst-4685726/
Egal, ich zog eine Socke drüber und beschloss mich erst zu Hause darum zu kümmern. Jetzt ging ich erst einmal zu den anderen geduschten Läufern in die Sporthalle.
Stdiut von MgMBlog @ 13.03.11 - 14:42:34

Der Bericht zum Nürnberg: Self-Transcendence 6-Stunden-Lauf, Epilog

In der Halle versammelten sich so nach und nach die Läufer. Es gab Getränke, Kuchen, alkoholfreies Bier (leider nicht meine Stamm-Marke) und später sogar noch ein warmes Essen. Ich hatte allerdings keine Lust auf Nudeln, sondern trank 2 Bierchen ohne und wartete.
Leider fuhr mein Zug aber schon wieder um 18:27 Uhr, somit verpasste ich die Siegerehrung. Wenigstens konnte ich noch meine Medaille in Empfang nehmen. Dabei fragte ich noch nach meiner Endleistung und die Dame sagte mir irgendwas mit 57,6 km oder so. Da mir das ziemlich wenig vorkam, war ich dann innerlich irgendwie doch sauer. Natürlich völlig zu unrecht. Ich predige doch selbst immer allen, dass es Spaß machen soll und die Leistung unwichtig ist. Und der Lauf hat wirklich Spaß gemacht. Sehr gute Organisation, Spaß an der Strecke, Gespräche mit anderen Läufern.
Besonders möchte ich mich noch einmal bei allen Helfern bedanken, und stellvertretend für alle an den Zählstationen: danke Felix! Konnte Dir leider nicht mehr die Hand persönlich schütteln, denn du warst verschwunden. Ohne Helfer könnten wir schließlich nicht laufen.
Die Zugfahrt nach Hause war pünktlich. Hier machte ich dann den chirurgischen Eingriff und ermordete die Blase. Es kam eine Menge Wasser raus.

Tja, und nun sitze ich vor dem PC, schreibe den Blog und stelle auch noch versöhnlich fest, dass es doch noch 58,581km geworden sind. Und dann bin ich der 41. Mann und der 49. Läufer gesamt. Das ist doch super. Und wenn man ehrlich ist, ist es doch auch schon super 6 Stunden laufen zu können.
Ich gebe zu, diese Differenz zwischen Garmin und der Strecke bei so Stundenläufen macht mich wahnsinnig, aber ich werde diese Läufe weiterhin als Trainingsläufe nutzen, denn wo wird man schon sonst so lange so gut versorgt. Ich bleibe dabei, Landschaftsläufe sind nun einmal schöner, aber das ist ja auch gar nicht die Frage.
Wahrscheinlich mögen andere Läufer viel lieber das Treiben bei Stundenläufen, denn da ist man nicht so lange so allein unterwegs. In diesem Sinne, einen schönen Sonntag und bis bald, beim nächsten Lauf, irgendwo in Deutschland.
Stdiut von MgMBlog @ 13.03.11 - 15:03:22

Gehirnjogging

Gehirnjogging statt Lauf heißt es zur Zeit bei mir. Ich bin in Amsterdam und lerne die Sprache. Es ist ein Intensivkurs, da muss ich mich auf meine alten Tage ganz schön anstrengen. :>>
Ich war heute bei Sport-Nike eine Sporthose kaufen, trage auch die Free 3.0 am Nachmittag. Allerdings laufe ich darauf ziemlich wacklig, hier hat es oft Kopfsteinpflaster. Und warm ist es, Wahnsinn. Da ist meine dicke Jacke viel zu viel. Am 16.04.2011 ist dann der nächste Wettkampf, diesmal im schönen Kopenhagen.
Und sonst, gestern gab es Stampot und heute Kip. Ihr wisst nicht was das ist? Wer es wissen will, melde sich.
Stdiut von MgMBlog @ 15.03.11 - 22:21:42

Und hast du nur am Abend Zeit

Und hast du nur am Abend Zeit, dann laufe in der Dunkelheit. Gemäß diesem Motto bin ich gestern relativ spät gestartet.
Ab Brudermühl Richtung Norden und dann wieder zurück, wobei ich am Baldeplatz auf die beleuchtete Seite wechselte, denn rechts der Isar ist es

ohne Straßenlampen zappenduster. Ich hatte zwar meine alte Stirnlampe mit, aber keine Lust sie aufzusetzen. Tempo war voll okay, 56 Minuten für die 10 Kilometer ohne groß zu japsen. Was angenehm war, ich brauchte keine Handschuhe, also das bitterkalte Wetter scheint vorbei zu sein. Winter ade. Somit ist das Training wieder eröffnet.
Stdiut von MgMBlog @ 21.03.11 - 13:23:52

Wut ist gut

In der Mittagspause ging es in die leichten Klamotten und in strahlenden Sonnenschein hinaus zum Lauf. Es war einfach herrlich. Der Lauf ging wieder die nördliche Runde, Start unter dem Friedensengel und dann bis zum Wehr und zum Denkmal, über die kleine Brücke und dann wieder südlich in Richtung Seehaus und dann wieder ins Büro. Und tatsächlich schaffte ich es wieder einmal unter 50 Minuten auf die 10km, na gut, es waren 49:56min aber immerhin. Insgesamt waren es 11,5km unter einer Stunde. So ein Lauf gibt Kraft, Nervenstärke, innere Ruhe und eine leuke LMA-Stimmung. (leuk = schön)
Stdiut von MgMBlog @ 22.03.11 - 16:18:30

Heute war es anders

Heute habe ich vor dem Lauf zuwenig getrunken und gegessen und habe auch ein wenig Halsweh, jedenfalls war mir heute nach der St. Emmeram-Brücke richtig schwummerig, das war so nach 5 Kilometern. Auch war der Lauf heut erst um 15:30 Uhr.
Aber egal, ich ging dann erst mal ins Gebüsch, weil pinkeln müssen und dazu noch schwummerig fühlen, blöd ist. Danach lief ich langsam weiter und habe heute mal auf die 10km gepfiffen und die Abkürzung genommen. Nach 9,5km und 52 Minuten war der Lauf zu Ende. Vielleicht bin ich auch nur viel zu schnell losgedüst und die Power hätte länger gereicht, wenn ich einfach langsam gelaufen wäre. Aber hätte der Hund nicht geschissen, hätt er den Hasen gekriegt, pflegte mein Vater zu sagen.
Stdiut von MgMBlog @ 24.03.11 - 21:35:30

Friedhofsrunde

Heute ist die Laufgruppe mal auf einen Friedhof gegangen, um dort ein Läufchen zu absolvieren. Es ist der "Alte südliche Friedhof". http://de.wikipedia.org/wiki/Alter_S%C3%BCdfriedhof_(M%C3%BCnchen)
Rein läuferisch hat der eine Teil eine Runde von 1,1km und der andere Teil eine Runde von 650 Metern. Das Wetter spielte mit, der angesagte Regen hatte der Sonne den Vortritt gelassen. In den hohen Mauern war auch der Wind kaum zu spüren. Wir taperten also entlang der berühmten Grabmäler und steigerten heute auf 2x20 Minuten mit einer Gehpause von nur 2 Minuten. Das ist Streckenrekord für Monika. In dieser Zeit hatten wir 4,4km absolviert. Dann machten wir noch einen kurzen Sprint und trabten dann nach Hause. Monika hat somit 4,8km geschafft.
Ich lief anschließend wieder rüber an die Isar und dann bei der Brudermühlbrücke auf die Läuferseite und weiter Richtung Tierpark. Dann ging es zurück in Richtung Heimat. Unterwegs durfte ich noch einen Läufer in Five Finger-Schuhen bewundern. Wobei sein Laufstil nicht wirklich flüssig wirkte mit den Dingern. Ich musste mich zwingen, ihn nicht anzustarren, aber damit rechnete er wohl eh. Als ich dann gedreht hatte, hatte ich ihn ja länger vor mir, ich würde sagen watscheln trifft es. Aber ich fand es cool, obwohl es aussah, wie Yeti-Füße.
Meine Runde war jedenfalls nach 2,6km Fahrrad und 11,5km Lauf zu Ende. Und für morgen plane ich mal wieder den Trail. Ich brauche Abwechslung.
Stdiut von MgMBlog @ 26.03.11 - 15:15:55

So ein Wetter

Gestern habe ich noch im Internet den Wetterbericht gelesen und gedacht, das kommt mir ja eigentlich entgegen, wenn es erst am Nachmittag aufhört zu regnen. Meine Schlafgewohnheiten sind spät aufzustehen. Aber was sich mir da nach dem Frühstück bot, war einfach widerlich. Zudem habe ich auch seit Freitag eine kleine Erkältung. Aber da ich kein Fieber habe, sondern wirklich nur ganz leicht erhöht, ging ich dann doch auf die Piste. Immerhin 20km in 01:58:xx h , trotzdem war ich anschließend fertig und froh wieder zu Hause zu sein. Es hat aber auch nicht ein einziges Mal aufgehört zu regnen. Dieses Getropfe auf den Kopf macht einen fertig.
Die Runde führte mich heute ab Brudermühlbrücke einfach immer nördlich,

bis fast St. Emmeram-Brücke und dann wieder retour. Die Wege waren dunkel und leer, fast gespenstisch, wie sonst an Weihnachten Heiligabendnachmittag, wo alles zu Hause hockt. Der Regen wechselte nur von ständig prasselnd, zu leicht peitschend, aber es hörte nie auf. Als ich wieder an der Brudermühlbrücke war, war ich wirklich erleichtert.
Stdiut von MgMBlog @ 27.03.11 - 19:27:37

Der (Trainings-)Dreier

Heute um 10:00 Uhr waren wir endlich mal wieder zu dritt als Laufgruppe unterwegs und haben bei herrlichem Wetter 2x20 Minuten absolviert. Dabei kamen heute 4,6km zustande. Und Monika hat mir an der Kreuzung noch versprochen, sie laufen noch a bisserl weiter. Christian war heute eh nicht mehr zu halten, der hat jetzt schon die 5km in der Sichtlinie. Glückwunsch Team!!! Nur nix überstürzen.
Da ich immer noch an Schleimüberfluss leide, Dreckserkältung elendige, wollte ich mich heute auch nicht mehr überanstrengen. Deswegen lief ich dann erstmal los, aber dann fiel mir ein, eh Fettsack, Du hast gestern eine Tüte Chips á 25g verdrückt, also streng dich an. Also bin ich 5km etwas schneller gelaufen, so schnell ich heute eben so konnte, also Schnitt 5:32 und dann noch ausgetrabt. Insgesamt waren es immerhin über 12km.
Unterwegs waren heute regelrechte Läufermengen, verglichen mit den vergangenen Wochenenden, aber das Wetter muss man auch einfach nutzen. Der Regen kommt früh genug zurück.
Stdiut von MgMBlog @ 02.04.11 - 15:47:46

Plan und Erfüllung

Hatte mir heute Morgen 30km vorgenommen, aber man weiß ja nie, wie es dem Körper so geht, nach einer Erkältung.
Der Weg führte heute dann doch mal wieder zum Perlacher Forst, aber nur um ihn in Richtung Nussbaum-Ranch zu durchlaufen, von dort geradeaus weiter zur Kugler Alm, vorbei an Hunderten von Ausflüglern, davon 98% Radler. Den Rest teilten sich Läufer, Blader und andere merkwürdige Fortbewegungsarten (Ski auf Rollen).
Nach der Kugler Alm ging es rechts Richtung Grünwald und schlagartig war

es leerer. Der Mensch bewegt sich ergo nur in Richtung Futterstellen. In Grünwald lief ich Richtung Burg, dann den steilen Hang hinunter und vor zum Kleinen Brückenwirt, ein Kiosk. Dort wechselte ich auf die andere Isar-Seite, vorbei am Großen Brückenwirt und dann Heading North, also Richtung Norden und mehr oder weniger Richtung Heimat.
Merkwürdigerweise waren die Kilometer von 20 - 30 etwas schneller, aber evtl. ging es da auch endlich mal bergab. Ich habe sogar ein paar Radler überholt. Die eine Gruppe war sehr füllig, aber bei der zweiten Gruppe wollte ich unbedingt näher kommen, netter Anblick und langsam wegen des Kindes. Die Tempoverschärfung hatte sich aber nicht gelohnt. Erstens ist der Anblick von vorn meist ernüchternd, zweitens war das Kind dann plötzlich ziemlich nervig und wollte immer überholen, naja, wer lässt sich schon gern von einem Läufer überholen. Aber der Onkel Läufer war leider nicht nett und hat die Kleine nicht gewinnen lassen.
Nach der Großhesseloher ging es Richtung Tierpark, dort am Brunnen musste ich erst einmal Wasser fassen. Knapp 25km und die grosse Wasserblase mit einem Liter in dem neuen Camelbak war alle. Habe jetzt nämlich zwei Trinkrucksäcke und zwei Blasen. Geschuldet der Hitze hatte ich auch ziemlich viel Durst. Jetzt ging es weiter an dem Kanal, dann rüber an den neuen Häusern beim Tierpark vorbei und entlang des Flauchers. Leider fehlten mir aber noch ein paar Kilometer. Somit lief ich einfach 1,5km in Richtung Tierpark und wieder zurück. An der Isar war es brechend voll. Der Grillgestank ging mir ziemlich auf den Magen. Ich war nämlich seit Kilometer 27 so richtig groggy. Nur der Gedanke an ein kühles Erdinger Alkoholfrei hielt mich noch aufrecht. Na gut, irgendwo musste sich ja die Beschleunigung rächen.
Bei Kilometer 28 zutzelte ich schon wieder an der leeren Trinkblase. Scheiße, zuwenig eingefüllt. Aber es standen so viele hinter mir am Brunnen. Dann zuckte es plötzlich auch noch in meiner linken Wade, dachte schon fast, da kommen Krämpfe. War aber nur ein einmaliges elektrisches Zucken. Wer weiß, was das war.
Ungefähr 100m vor meiner Haustür, hatte ich dann endlich die 30k geschafft. 30,13km in 03:03:40, geht doch noch. Das erste was ich oben in die Hand nahm, war das Erdinger Alkoholfrei, das könnt ihr mir glauben.
Stdiut von MgMBlog @ 03.04.11 - 18:06:42

Empfohlene Lebensmittel für Läufer - oder Bäh

Wenn ich die diversen Laufzeitungen so lese und meine Ernährung komplett darauf umstellen wollte, würde ich wohl nicht mehr fertig werden. Da ich aber nicht dauernd irgendwelche Eiweiß-Pillen schmeißen will, habe ich mal folgendes in meinen Speiseplan aufgenommen.

Jeden Abend einen Joghurt oder Quark sowie einen Saft aus Rote Beete und Weizengras gemischt, darin einen Teelöffel Ackerschachtelhalm. Morgens gibt es ein Glas Ziegenmilch. Irgendwie ist der Geschmack zwischen widerlich und interessant anzusiedeln.

Immerhin habe ich seitdem morgens nicht mehr so einen großen Hunger. Na mal sehen, ob das was bringt für die Muckis. Ich hoffe ja mal, dass da genug Arginin und BCAA drin ist und ich somit ohne Mittelchen auskomme, wie Ultra Buffer oder ähnliches.

Stdiut von MgMBlog @ 04.04.11 - 17:22:05

Ick hau noch einen druff

Habe mir überlegt auch noch den Ulmer Lauf mitzumachen, aber wieder nur die Hälfte, also 50km. Der geht ja erst um 23 Uhr los, da verschwende ich gar keinen Urlaub, sondern düse nach der Arbeit mit irgendeinem Zug hin.

Heute wieder durch den E Garten gedüst, naja für meine Verhältnisse jedenfalls. 10km in 53 Minuten, ist doch völlig okay. Gesamt 11,5km in etwa 01:01 Stunden. Wetter ist ja wieder herrlich. Allerdings ist mein Rotz so fest, dass es manchmal schon pervers klingt, wenn man schnäuzt. Ist das nun noch Erkältung oder schon Pollenalarm? Ist aber schnurz, solange ich laufen kann.

Mal sehen, was ich trainingstechnisch die Woche hinkriege, zu einem festen Plan kann ich mich nicht aufraffen.

Stdiut von MgMBlog @ 06.04.11 - 16:54:51

Langsamer mit den alten Läufern

Nach dem gestrigen Lauf wollte ich heute etwas langsamer machen. Der Anfang lief ganz gut, aber dann wurde ich immer schneller. Ich habe mich

dann wirklich gezwungen bei 7,5km mal stehenzubleiben und dann langsamer weiter zu traben. Keine Ahnung wieso, aber irgendwie drehen meine Laufhormone durch.
Jedenfalls waren die 10km heute bei 55:50 Minuten geschafft und nach genau einer Stunde stand ich nach 10,7km wieder vor meinem Arbeitgeber Haus.
Also allet Balletti. Morgen sitze ich wieder in einem Seminar und dann geht es weiter mit einem Läufchen am Abend.
Kopenhagen is calling :D Copenhagen Ultramarathon
http://info-uk.blogspot.com/
Stdiut von MgMBlog @ 07.04.11 - 16:17:13

Locker bleiben

Das Wetter war heute wieder herrlich. Bin abends gleich in die Laufklamotten und habe eine schöne 10k Runde gedreht.
Einfach Richtung Tierpark und ein Stückchen weiter und wieder zurück. Die Luft war einfach total erfrischend. Da hat es echt Spaß gemacht. Und nach 56 Minuten stand ich schon wieder vor der Haustür.
Stdiut von MgMBlog @ 08.04.11 - 19:33:09

Frühaufsteher-Runde

Heute Morgen bin ich erst um 09:30 Uhr aufgestanden und kam somit gerade noch rechtzeitig zu unserem Trainingstreff, wo Monika und Christian schon warteten.
Heute blieben wir mal links der Isar, damit Monika keine Markierungspunkte hat und ich eröffnete den beiden unterwegs, dass wir heute 30 Minuten am Stück laufen werden. Hat auch wunderbar geklappt. Insgesamt hat die Rasselbande heute sogar 5,7km absolviert.
Jetzt ist der Grundstein gelegt und es kann langsam losgehen, mit dem spezifischen Training. Herzlichen Glückwunsch ihr zwei, 30 Minuten am Stück ist grossartig!!!
Ich hatte heute Wasser und ein Gel mit und trabte weiter Richtung Süden,

nachdem wir uns verabschiedet hatten. Insgesamt waren es dann 21,77km für heute und die Woche habe ich schon mal mehr als 54km erlaufen. Dazu kommen noch die Fahrradkilometer, das waren diese Woche auch schon 35. Naja so langsam muss ich Kilometer fressen, damit ich Ausdauer antrainiert kriege.
Stdiut von MgMBlog @ 09.04.11 - 14:19:23

Die Woche

Diese Woche bin ich 64,37km gelaufen und 37,56km Fahrrad gefahren. Ergibt fast 102km Sport.
Nach einem Mittagsschläfchen von 16:30 bis 17:00 Uhr, bin ich heute Abend noch einmal locker losgetrabt. Das Wetter war aber auch zu herrlich. Es waren lockere 10km entlang der Isar in 56 Minuten. Und es hat mich wirklich gar nicht angestrengt. So muss ein Lauf sein. Schönes Wetter, viel zu gucken und die Beine locker und das Hirn froh. Da fällt doch jeglicher Stress von einem ab. Nächste Woche muss ich nur drei Tage arbeiten und dann geht es nach Kopenhagen.
Stdiut von MgMBlog @ 10.04.11 - 20:33:34

Reise mit kleinen Hindernissen

Also am Packen lag es nicht. Morgens habe ich meine letzte Ziegenmilch getrunken und dann ging es los zum Flughafen. Die S-Bahn ab Isartorplatz hatte 10 Minuten Verspätung, dadurch kam ich eigentlich genau zum Borden am Flugsteig an, auch nicht schlecht. Der Flug mit SAS, naja die Flight Attendents waren jetzt alle keine Augenweide, aber das finde ich ja eher gut, wegen Gleichbehandlung und so. Kann aber auch sein, der Job ist inzwischen so Scheisse, dass sich keine Hübschen mehr bewerben? Außerdem und das hat mich schon gewundert, keine Durchsage in deutsch. Nur vom Kapitän gab es deutsche Durchsagen, aber Sicherheit und Service nicht. Auch gab es NULL Versorgung auf dem Flug. Ich dachte immer Star Alliance hat immer die gleichen Standards. Wenn man was wollte, musste man es kaufen. Nicht mal die alte Lufthansastulle gab es für lau. In

Kopenhagen mussten wir dann zuerst aufs Andocken warten und dann aber mächtig lange aufs Gepäck. Ich bin nach 30 Minuten mal zum Schalter und habe gesagt, wenn das Gepäck nicht bald kommt, ist meine S-Bahn Karte nicht mehr gültig. Die hatte ich mir am Automaten schon mal gezogen. Daraufhin wollte mir der SAS Angestellte, das Gepäck ins Hotel schicken, statt mir die Karte zu erstatten. Was ist das denn für eine Logik? 36 DKR gegen einen Gepäcktransport ins Hotel. Na egal. Fand ich Umweltverschmutzung pur.
Und plötzlich ging auch ihr Gepäckband wieder und ich habe eine Bahn vor 12 Uhr erwischt. Nena würde singen: Wunder geschehn. Die S-Bahn hatte auch eine leichte Verspätung, aber das ist total nah zur Stadt. Hat so 20 Minuten gedauert. Zum Hotel habe ich sofort gefunden. Das Zimmer ist eine Schiffskabine, jetzt weiß ich auch, warum die Kette Cabinn heißt. Allein ist das Zimmer völlig okay, aber zu zweit, geschweige denn zu dritt, würde ich mich aus dem Fenster stürzen. Okay ich wohne im ersten Stock. Sonst habe ich nix weiter unternommen. Wasser kaufen, Theaterkarte kaufen und heute 19 Uhr saß ich in "Wicked" auf Dänisch. Ach ja und ich futter dauernd Haferkekse. Die lagen im Regal beim Wasserholen, ich kam nicht dran vorbei.
Stdiut von MgMBlog @ 14.04.11 - 22:58:49

Schonen vor dem Lauf

Eigentlich soll man sich ja schonen vor einem Lauf, aber was soll's. War heute in der Glyptothek in Kopenhagen. Jetzt kenne ich endlich zwei Glyptotheken von innen. Und da ich mich heute mal wieder getraut habe, nach einem Rabatt für Schwerbehinderte zu fragen, kam ich umsonst ins Museum, Cool. Dafür habe ich die gesparten Kronen des Eintritts gleich wieder bei einem leckeren Frühstück im Wintergarten verballert. Am Nachmittag Stadtbummel, bla bla. Dann Nudeln im Pasta Basta, waren lecker, aber deren Prinzip ist strange.
Ich glaube in dem gleichen Laden ist mein Bruder mal ausgetickt, weil er schon fast verhungert war und deren Karte auch nicht verstanden hat. Eigentlich ist es gar nicht soooo teuer essen zu gehen, wenn man bedenkt, was schon die Sandwiches auf der Strasse kosten. Und mit der Währung

kann ich eh nicht umgehen, sind einfach zu große Scheine für mein kleines Hirn.
Mal sehen, was morgen der 50km-Lauf bringt.
Stdiut von MgMBlog @ 15.04.11 - 20:24:21

Copenhagen Ultramarathon

Copenhagen Ultramarathon Rendsagervej 5 - 2625 Vallensbæk - S-Bahn Albertslund

Hier also endlich der Bericht vom Lauf.
Ich bin pünktlich um 06:45 Uhr aus dem Hotel los zum Hauptbahnhof Kobenhavn. Eigentlich wollte ich dort in die S-Bahn um 07:00 Uhr steigen, die aber erst um 07:10 Uhr fuhr. Es stieg zwar noch keine Panik in mir auf, aber von dem Gedanken zum Start zu schlendern nahm ich schon mal Abschied. In der S-Bahn futterte ich erst einmal ein Sandwich, welches ich mir abends noch geholt hatte. Ein paar Sitze weiter futterte ein Mädchen ihre Burgertüte leer, das sah auch nicht vornehmer aus. Sie schien aber auch die Nacht durchgemacht zu haben, denn sie knallte danach ihre Beine auf den Sitz und pennte. Dabei sehen die Sitze in
den dänischen Bahnen so sauber, neu und toll aus.
Nachdem ich das Brot vertilgt hatte und den Salat verschmäht, denn der ist so schwer verdaulich, zog ich mir die lange Hose schon einmal aus. Sah zwar ein wenig wie Striptease aus, aber ich musste Zeit sparen. Übrigens habe ich dann beim Heimfahren ein Stück Salat aus meinen Zähnen geholt, hoffentlich habe ich nicht zu oft gegrinst, sah bestimmt Scheisse aus.
In Albertslund wusste ich zwar dank Google Maps den Weg, aber nicht wie ich aus der S-Bahn dahin komme. Da sonst kein Mensch zu sehen war und ich nicht schüchtern bin, haute ich einfach die Zeugen Jehovas an, die dort schon standen und doch recht froren. Die haben mir auch sofort geholfen. Also war ich um 07:35 Uhr zwei Kilometer von der Startlinie entfernt, hatte einen schweren Rucksack mit Laufklamotten und meinen Trinkrucksack mit 1l Wasser und 6 Salztabletten in der anderen Hand. Für den Schlendergang war es einfach zu weit, also trabte ich los und es wurde mir schon einmal warm. Um 07:50 Uhr war ich an der richtigen Abbiegung und haute auf dem

Parkplatz den ersten Läufer mit Startnummer an, wo ich hin muss. Um 07:52 Uhr stand ich an der Startnummernausgabe und kriegte Chip und Nummer. Dann rein ins Gepäckzelt, Nummer ans Startnummernband, umziehen da entschlossen kurz zu laufen, Ansage auf dänisch gehört, aber kein Wort verstanden, das Schild, welches mich als 50km-Läufer ausweisen sollte, auf den Rücken gepinnt, Fehler. Raus aus dem Zelt um 07:59 Uhr, gesehen dass es drei Startpunkte gab, gefragt wohin, weiße Fahne als Antwort, hingesprintet, angekommen, Startschuss. Mein Bruder hätte mich sicher erschlagen, wegen der knappen Planung, aber meine Nichte Jana hätte das sicher gut gefunden. Es ging also pünktlichst auf den Weg.
Habe mich einfach an Läufer drangehangen, die auch eine 50km-Markierung auf dem Rücken hatten, denn die Marathonis mussten abbiegen, für die 100km und 50km waren es 10km Runden. Jetzt atmete ich erst einmal ruhig durch, um in den Rhythmus zu kommen und schaute mich mal so um.
Stdiut von MgMBlog @ 18.04.11 - 13:41:54

Copenhagen Ultramarathon – Part II

Ihr habt gedacht, es gibt keinen zweiten Teil? Na so gut müsstet Ihr mich aber jetzt kennen. Der Lauf ging an einem See los und gleich nach dem Start ging es ein wenig bergan und dort war es immer kalt. Keine Ahnung, wo die Marathonis langliefen, aber wir Ultras waren alle auf demselben Kurs. Jeder Kilometer war markiert, allerdings durch die Streckenvorgabe hatte man eben nie 10km auf der Uhr, sondern 10,22km und so weiter.
Kurz nach der Steigung gab es so einen Metallplattenpart, da musste man aufpassen die Füße zu heben, da die Platten so ein wenig übereinander standen. Stelle ich mir bei Kilometer 90 schwer vor. Dann ging es vorbei an einer Koppel mit wunderschönen Reitpferden. Die hatten Decken umgehangen, war wohl doch kalt für die Warmblüter. Wenn sie uns vorbeikommen sahen, fingen sie auch mal an zu traben oder machten so eine Art Kunststücke, als ob sie neidisch wären, nicht mitlaufen zu können.
Dann ging es auf Weideland, wo ein paar träge braune Kühe vor sich hingrasten, also eher so wie Auerochsen, nicht wie Buntgescheckte. Dann kam ein Gelände, wo stolze Hundebesitzer ihre Tiere trainierten. Ich muss schon sagen, es hat nicht einmal einer gebellt, Hut ab, gut erzogen.

Danach ging es rechts ab und wir mussten eine kleine Holzbrücke mit Stufen überwinden. Da dachte ich noch, na sauber und irgendwann trampelst du daneben und knallst auf den Arsch.
Entlang eines Grabens ging es dann in Richtung erster Versorgung nach etwa 3km. Hier habe ich mir immer eine Cola gegönnt, zum Wachwerden und bleiben. Ab hier war der Weg etwas sandiger bis zu einem Park, wo es wieder auf Teer / Beton ging. Ab Kilometer 5 brannte mir schon der Gedanke im Hirn, daß ja keine Sau meine 50km-Markierung sehen kann. Die hatte ich mir zwar auf den Buckel gepinnt, aber darüber war ja der Trinkrucksack. Also beschloss ich dies zu ändern und nahm den Sack ab, das Shirt über den Kopf, dann Nadel ab, Shirt wieder an und Markierung an Rucksack und weiter ging es.
Bei Kilometer 6 gab es die nächste Versorgung, allerdings habe ich dort nie etwas genommen. Der Abschnitt war sehr flach. Da ich vor dem Start nicht mehr auf die Box kam, scherte ich bei Kilometer 7 mal kurz ins Gebüsch aus und konnte dann erleichtert weiter düsen. Ab Kilometer 8 ging es mal so ein wenig bergauf, das merkte man aber eher am Tempo, als das es gestört hätte.
Dann eine letzte Rechtskurve, dann scharf links, wo es mich jedesmal aus der Bahn warf, weil es so ein bisschen abschüssig war und dann lief man runter an den See, vorbei an den Startfahnen, durch das Ziel über eine blaue Matte und der Leihchip piepte. Gleich dahinter wieder Verpflegung, hier habe ich gleich ab Kilometer 10 eins meiner Gels genommen und Wasser getrunken. Und so ging es Runde für Runde weiter.
Ich war ja nun ziemlich allein, da ich niemanden verstand. Wenn mir irgendjemand etwas zurief, grinste ich einfach nett zurück, half fast immer.
Eine Gruppe von 6 100km-Läufern hatte ich am Anfang vor mir, die sich aber im Laufe der Zeit auf 3 Läufer dezimierte. Die plapperten anfangs die ganze Zeit, darum versuchte ich irgendwie wegzukommen, aber das ging nicht. Das, was die Gruppe länger an Pause machte, lief sie dann locker wieder rein, so dass wir uns ständig überholten. Mal zog ich vorbei, mal ließen sie mich stehen. Irgendwann sagten sie etwas zu mir und ich sagte dann "I do not speak Danish.". Danach gab es ein kurzes Gelächter, weil sie wohl schon öfter was gesagt hatten und ihnen nun klar wurde, warum ich nix geantwortet hatte. Als ich kurz vor dem Ziel noch einmal beschleunigte, was mir irgendwie peinlich war, warf ich zur Begründung nur ein "Finish" herüber und die drei

Übriggebliebenen ließen ein lautes Gelächter erschallen. Als ich durchs Ziel war, gab's noch ein High Five auf den Weg und ich wünschte ihnen "Good Luck". Dann waren sie allein auf der Runde, die Armen hatten noch 50km vor sich.
Ein kleiner semmelblonder Junge sagte etwas auf dänisch zu mir und dann "Are you finished?" und als ich nickte, gab er mir meine Medaille und zog mir aber auch gleich den Chip vom Fuß. Witzig, kann man ja nicht wissen. Ich zog mich jetzt langsam um und hatte auf meiner Uhr ein 4:54 Stunden stehen. Das ist SUUUPPPEEERRR. Eine Verbesserung von 5 Minuten.
Nachdem ich schon einige gesehen hatte, die mit Krämpfen nicht weiterkamen, hatte ich meinem Hirn eh schon befohlen, ja nicht an Krämpfe zu denken. Das Wetter war die ganze Zeit bedeckt, aber außer den 5 Minuten jeweils am See, habe ich nicht gefroren. Es dröppelte auch nur mal ab und an, jedenfalls kein echter Regen. Als ich mich frisch gemacht hatte, ging ich noch zum Org Büro und suchte Charley, den Organisator.
Der saß tatsächlich da und ich bedankte mich noch einmal herzlich und verließ dann die Arena. Ein paar Fotos noch vom Gelände mit dem Handy. Mir hat es sehr gefallen. Es waren so um die 150 - 200 Läufer dort. Ausländer scheinbar nur jemand aus der Schweiz und ich als Deutscher. Und wann kann man schon einmal sagen: bester Deutscher.
Stdiut von MgMBlog @ 18.04.11 - 14:25:33

Medaillen-Neid

Am Anfang meiner Laufkarriere war ich immer scharf darauf Medaillen zu kriegen nach einem Lauf. Immer war ich enttäuscht, wenn es nur eine Tasse oder eine Mütze oder irgendetwas anderes gab. Inzwischen habe ich eine stattliche Kollektion zu Hause. So langsam muss ich überlegen, wo ich sie aufbewahre. Ob man es nach Ultra, Marathon und kürzer sortiert oder doch besser nach Ausland, Inland oder worauf man so am stolzesten war.
Zweifelsohne ist da der 1. 100km-Lauf in Biel, so eine Stolz-Medaille. Aber es gibt auch Läufe, die einfach schön sind und darum so erinnerungswürdig. Dazu zählt für mich der Lauf in Kopenhagen. Sicher der ist noch frisch im Hirn. Aber im Gegensatz dazu bin ich vom Marathon in London oder in Berlin eher enttäuscht. Einfach zu groß, zuviel Hektik, kein Durchkommen.

Der Championsrun in Berlin 2009 war wiederum was Tolles. Da bin ich trotz des Baltic Run und seinen Strapazen kurz danach schon wieder 10km in 48 Minuten gelaufen. Das war unglaublich schön. Mein Fuß sah ja 2 Wochen vorher noch aus, wie ein Elefantenfuß. Auch Ulm fand ich beide Male schön. Aber ich liebe ja auch die Nacht. :yes:
Da ich mich eh nicht entscheiden kann, bleiben wohl erstmal alle hängen.
Stdiut von MgMBlog @ 20.04.11 - 17:14:53

Mei Süss

Der Sri Chinmoy Veranstalter aus Nürnberg hat mir tatsächlich die Urkunde und eine Medaille nachgeschickt. Das entschädigt ja wohl für die vergessene Notierung am Start. Und es ist so peinlich für mich, denn die Medaille habe ich mir ja noch abgeholt.
Aber die Urkunde fehlte mir noch. DANKE. :oops:
Stdiut von MgMBlog @ 21.04.11 - 19:59:29

Locker die Isar lang

Heute bin ich wieder ins Laufgeschehen eingestiegen, bin ja seit den 50km in Dänemark immer nur ein wenig geradelt. Die Runde heute ging entlang der Hochleite, Großhesseloher Brücke runter, dann Richtung Tierpark und dann heim. Waren dann insgesamt 12km im 6er Schnitt. Die Luft ist voller Pollen und voller Staub. Vor allem wenn Radler entgegen kommen, muss man mal zeitweise durch die Nase atmen. Aber der nächste Regen kommt bestimmt.
Stdiut von MgMBlog @ 22.04.11 - 19:44:53

Laufgruppe

Heute war leider wieder nur die halbe Laufgruppe unterwegs. Und auch diese hatte heute Bedenken vor dem Lauf. Natürlich völlig unbegründet. Wir haben heute für Monika die Zeit auf 32 Minuten durchgehend gesteigert. Dafür lief es heute bei mir gar nicht so flott. Ging etwas zäh. Ich habe dann leider auch

nur 11,5km insgesamt abgewickelt. Den lustigen 5-Zehen-Läufer habe ich leider nicht getroffen, schade der erhellt mir immer den Samstag Morgen.
Stdiut von MgMBlog @ 23.04.11 - 17:47:46

Zähe Angelegenheit

Nach dem Frühstück machte ich mich so gegen 13:00 Uhr auf die Socken. Bis Kilometer 6,5 war es eine Quälerei, danach wurde es etwas leichter. Da an Tempo eh nicht zu denken war, hatte ich heute eine Trailrunde geplant.
Also ging es die Hochleite bis Großhesseloher Brücke, dann am Tennisplatz vorbei, dann den Berg halb runter und in den Wald. Dort kann man wunderbar laufen und muss über und unter Bäumen durch. Dann muss man den Trail kurz verlassen und in Richtung Pullach laufen und wieder links in den Wald. Man muss nur ziemlich auf Mountain-Biker achten, aber die meisten von denen sind nett. An der Grünwalder Brücke ging es über die Isar und rechts der Isar zurück.
Den Trail habe ich dann erst verlassen, als der Radweg zu Ende war. Kurz hinter der Großhesseloher Brücke beschloss ich dann abzukürzen und bin den steilen Weg hochgelaufen. Schließlich muss ich mich langsam auf den Rennsteiglauf vorbereiten. Das Bergauflaufen fand ich heute einfacher als geradeaus zu tapern.
Jetzt hieß es aber noch die letzten 4 Kilometer ab Biergarten, in den ich nicht eingekehrt bin, zu absolvieren, aber was sind schon 4 Kilometer, wenn man schon die Heimat ahnt. Kurz vor Ende kam mir noch ein Radler entgegen, es war Stathis ein alter Lauf-Bekannter, der aber zur Zeit nicht läuft. Er hat mich auf dem Rad nach Hause begleitet, da verging der Rest wie im Flug. Es waren heute 21km, aber ich war auch froh, als es vorbei war.
Stdiut von MgMBlog @ 24.04.11 - 19:47:36

Ulm - die Nacht ruft

Heute habe ich es geschafft, mich für die Ulmer Laufnacht anzumelden. Ich mache wieder die kurze Fassung, also 50km. Diesmal kann man die nachts laufen oder ab 4 Uhr am Morgen aus dem Ulmer Stadion starten. Ich

bevorzuge die Nacht, das ist einfach viel schöner. Es ist dann meine dritte Teilnahme. 50km, 100km und 50km. Da bin ich jetzt sozusagen von Anbeginn mit dabei.
Stdiut von MgMBlog @ 28.04.11 - 15:24:08

Neue PB

Und wieder hat Monika, also meine halbe Trainingsgruppe eine neue Schallmauer durchbrochen. Eigentlich wollten wir uns ja Woche für Woche hochackern, aber heute haben wir so intensiv geratscht, dass mein Blick erst nach 35 Minuten auf die Uhr fiel und somit hat sie 35:21 Minuten am Stück absolviert. Das flutscht also förmlich, das Training. Mal sehen, was die nächsten Samstage so bieten. Ich bin heute so 9,4km gelaufen, hatte wenig Zeit. Immerhin habe ich noch die Nike Free angezogen. Die sollen ja auch die Muskeln stärken. Freitag ist übrigens der MIAU von München nach Innsbruck gestartet. Ich warte gespannt auf die Ergebnisse.
Stdiut von MgMBlog @ 30.04.11 - 19:36:26

Leistung April

Im April 147km auf dem Rad und 212km gelaufen. Also, mit dem Rad habe ich es scheinbar wirklich nicht so ganz.
Stdiut von MgMBlog @ 01.05.11 - 10:52:33

Trail zum Tag der Arbeit

Heute ging es wieder auf Trailrunde, ich muss Kilometer und Hügel schrubben. Habe mir also für heute eine lange Runde vorgenommen und schon mal zu Hause 4 Stunden frei genommen, sicherheitshalber. Es ging eine Anlaufrunde in Richtung Innenstadt, und dann links der Isar Richtung Grünwald. Nach 18km Hügeln und Wald war ich groggy an der Grünwalder Brücke angekommen. Aber es musste ja auch noch zurück gehen.
Beim Loslaufen hatte ich noch eine hauchdünne Jacke übergeworfen, aber

selbst die war zuviel. Der Wind war zwar frisch, aber das ist beim Lauf ja eher willkommen. Ich bin heute mal jeden Hügel raufgekraxelt, den ich sonst nur bis zur Hälfte laufe. Unter anderem Geschwister-Scholl-Straße in Grünwald.
Die Mountain-Biker waren heute relativ gering an der Zahl, wohl wegen des drohenden Regens. Der kam dann auch, aber das war nur ein Schauer und es hat Spaß gemacht im Regen zu laufen. Da fiel mir gleich der DocRunner ein, der hat das doch geliebt. Hoffe es geht ihm gut, Doc du fehlst uns schon manchmal beim Bloggen.
Ab dem Tierpark war es dann wieder flach. Habe noch einmal versucht etwas Tempo zu machen, hatte aber keinen Sinn. Also verwarf ich den Gedanken heute 35km zu laufen und lief 30,66km. Damit ich für die Woche mindestens 40km habe.
Danach zu Hause steckte ich meine Füße in kaltes Wasser. Das mache ich immer Fuß für Fuß, sonst hebt es mir die Schädeldecke ab. Soll gut sein gegen Entzündungen. Vom Gesicht habe ich da aber lieber kein Bild gemacht, das wäre zu schmerzverzerrt. 8|
Stdiut von MgMBlog @ 01.05.11 - 16:47:21

Paradoxon

Heute ging es mir wie in dem Paradoxon von Achilles und der Schildkröte. Ich lief los und hatte zwei Läufer vor mir. Der Läufer Nummer 1, wurde von Läufer Nummer 2 überholt. Endlich überholte auch ich den Läufer 1, der inzwischen Läufer 2 war und somit verfolgte ich Läufer 2, der jetzt Läufer 1 geworden war. Während sich der Abstand zwischen mir und dem Läufer 2, der jetzt Läufer 3 war, ständig vergrößerte, gelang es mir nicht, Läufer 1 einzuholen. Denn immer wenn ich eine Teilstrecke zurückgelegt hatte, war auch er weiter
gekommen und der Abstand schmolz Stück für Stück, ohne dass ich überholen konnte.
Na, alle verwirrt? Nummer 1 war einfach ein Typ, der sich nicht gern überholen lässt und sein Tempo, je näher ich kam, immer weiter anzog. Kurz vor dem Wehr drehte er nach rechts ab und schon war ich vorbei und das Paradoxon aufgelöst. Das Tempo heute war für meine Verhältnisse gigantisch. Ich drückte bei Kilometer 10 kurz vor dem Chinsesischen Turm

auf Lap und es wurden 49:09min angezeigt. Grandios. Wieder ein Zehner unter 50 Minuten. Das Wetter war aber auch ideal, nicht zu warm und nicht zu kalt, kaum Wind und schön trocken. Da hat die Dampfnudel auf der Auer Dult gleich noch viel besser geschmeckt, heute Abend nach der Arbeit.
Stdiut von MgMBlog @ 04.05.11 - 19:59:56

Kurz und knackig

Gut das könnte auch eine Beschreibung meines Körpers sein, aber gemeint ist der heutige Lauf. Wieder durch
den Englischen Garten, aber etwas kürzer und langsamer. In 54:30 min die 10 Kilometer und gesamt 10,5
Kilometer. Ich habe heute mal die Silke J. Abkürzung genommen, weil ich einfach so wenig Zeit hatte. Aber
ich wollte unbedingt zwei aufeinanderfolgende Tage laufen. Mir tun von dem gestrigen Lauf noch ganz schön
die Schenkel weh. War ja och deftich für mich. :yes:
von MgMBlog @ 05.05.11 - 17:17:24

Heute im Temporausch

Heute Morgen ging es nach Gröbenzell auf den Sportplatz. Hier trafen sich meine beiden Mitläufer Monika, Christian und ich zum Training und mein Freund kam mit, denn anschließend wollten wir uns mit einem netten Frühstück belohnen. Also ging es mit unserem giftgrünen Flitzer dorthin, wo die Beiden auch schon warteten. Wir gingen heute auf die Bahn. Mal was ganz anderes, als an allen anderen Samstagen. Ich wollte
heute endlich meine Spikes auf der Aschenbahn einlaufen und die Laufgruppe sollte heute mal einen neuen Reiz kriegen. Am Anfang hat Christian noch gezögert, aber dann ging er doch mit. Das Stadion war auf dem Nebenplatz voller großer und kleiner Fußballer, aber bei uns auf der Aschenbahn hatten wir in der ganzen Zeit nur einen Begleiter und der blieb auch nicht lange. Er hatte sich eindrucksvoll gedehnt, so dass uns Männern gewisse Teile im Geiste weh taten und hatte auch sehr trainierte Beine, aber

wohl auch Probleme mit den Muskeln.
Zurück zu uns. Auf meiner ersten 400m-Runde zog Monika mit und war in 02:19 min fertig. Beifall!!! Leider war das wohl etwas zu ambitioniert für sie, denn nach den 2. 400 Metern war sie schon völlig ausgepumpt. Aber eine Monika gibt nicht auf und so hat sie heute etwa 3km in Eigenregie abgewickelt.
Christian habe ich auch auf einer 400m-Runde begleitet und die hatte er in 01:43 min fertig. Also, nach der langen Zwangspause auch beachtlich. Dann kam Christian auf die Idee doch mal 100m zu laufen und so lieferten wir uns ein Rennen, wobei ich bei dem ersten Mal zu blöde war zu drücken und wir noch eins machen mussten. Das ergab eine 100m-Zeit von 15,7 sec für mich und plus 2,47 sec für Christian. Keine Ahnung wo das einzuordnen ist, für uns war es Weltrekord. Ich hatte dann heute folgende Bestzeiten 2x800m davon schnellst 3:16 min, 3x400m davon 1:24 sec best, und die 100m wie beschrieben.
Die Spikes sind wirklich federleicht und liefen sich auf der Kunstbahn hervorragend. Test bestanden und der Läuferzehnkampf kann kommen. Naja, den Start aus dem Startblock muss ich dann wohl erst dort noch einmal üben. Anschließend trabten Christian und ich noch zum Haus seiner Eltern, wo uns vieren ein opulentes Frühstück serviert wurde. Das war wirklich mal ein schöner Tag mit viel Abwechslung und Papa und Mama Christian hatten ordentlich aufgetischt. Danke.
Stdiut von MgMBlog @ 07.05.11 - 20:31:07

Warum tu ich mir das nur an?

Heute standen zwei Punkte auf dem Programm. Punkt 1 Asics GT2160 probieren und Punkt 2 35km mit möglichst viel Trail laufen. Nach dem Frühstück ging es gegen 12:45 Uhr in die Spur. Wie man sehen kann, bin ich kein Frühaufsteher.
Ich wählte heute die Hochleite, da es dort stetig bergan geht und wollte von da aus improvisieren. Leider merkte ich schon bei Kilometer 4, dass ich mit diesen Asics GT 2160 das gleiche Problem hatte, wie mit dem Paar davor: Ballen rechter Fuß. Ich muss die 21run homepage erwähnen, denn die haben mir dankenswerterweise den Schuh umgetauscht, aber es lag nicht an

diesem Schuh, sondern es muss das Modell sein. Da werde ich mir die Firma Asics direkt krallen, denn das muss ich wissen. Also beschloss ich bei Kilometer 5 umzudrehen und lief wieder heim und streifte mir jetzt den Brooks Adrenalin über, behielt aber die gleichen Socken an, um zu sehen, ob die Probleme machen. Was soll ich sagen, nix mehr, keine Probleme bis zum Schluss. Der zweite Start erfolgte dann nach kurzer Unterbrechung in Richtung Isar und diesmal umgedreht zuerst den Trail rechts der Isar, ab Tierpark und dann links der Isar zurück in Richtung Heimat. Mir ging es zusehends schlechter.
Am Brunnen in der Nähe vom Tierpark habe ich schon kurzfristig überlegt, ob nicht 30 oder 32km auch genug wären. Aber trotzdem lief ich dann am Schluss noch einmal Richtung Tierpark, um die Kilometer voll zu machen. Durch den Trail und die feuchten Wege, sah ich wieder aus, wie eine kleine Pottsau. Als dann die Uhr endlich 35km anzeigte, drückte ich auf Stop und ging die letzten 50m nach Hause. Scheinbar steckte mir das Tempotraining doch noch in den Knochen. Zu Hause angekommen, genoss ich, dass niemand da war, und knallte mich, nachdem ich die nassen Klamotten aus hatte und ein alkoholfreies Bier eingeschenkt hatte, im Bademantel und völlig fertig und verkeimt für eine Stunde aufs Bett. Ich bekam dann wieder zu hören, warum machst du das denn auch, und meine Antwort war: "Wenn man als Sportler, nicht ab und an sagt, warum tu ich mir das an, macht man was falsch." Jetzt geht es mir schon wieder viel besser.
Stdiut von MgMBlog @ 08.05.11 - 21:27:16

Es reicht

Heute bin ich um 14 Uhr in der Mittagspause endlich mal zum Laufen gegangen. Mann, war das eine Wohltat. 10km in 53:23 min und die zweite Hälfte schneller, als die erste (27:04min). Danach fiel mir das Arbeiten doch gleich wieder leichter.
Stdiut von MgMBlog @ 11.05.11 - 18:39:00

Samstag und Laufen?

Samstag und Laufen? Ja klar. Am Freitag Abend war ich noch Zeuge eines Sieges der Löwen (TSV 1860 München) Amateure über Hessen Kassel, 2:0 für die Bayern. Leider hatte ich es nur zur zweiten Halbzeit geschafft, aber da wurden die Tore auch erst gemacht. Jedenfalls ging es am Samstag zum Lauftreff, wo aber nur die Hälfte auftauchte, sprich Monika.

Dafür haben wir aber 40 Minuten durchgehend mit 4,25km insgesamt geschafft. Das wird immer besser.

Obwohl ich zuerst keinen Bock mehr hatte, hat mir die frische Luft dann aber so gut getan, dass ich die 10km voll gemacht habe.

Ich kann eben nicht anders.

Stdiut von MgMBlog @ 16.05.11 - 15:11:10

Wo ist das Wochenende?

Der Sonntag brachte mir zuerst mal die Erkenntnis, dass ich die Fähigkeit bis 14 Uhr durchzupennen noch nicht verloren habe. Des Weiteren dann, dass ich keine Lust auf einen langen Lauf hatte.

Am Sonntag Abend beschloss ich dann doch noch mich zu quälen und lief 10mal den Hügel hinter unserem Haus hoch. Vorbei am Jugendzentrum AKKU in Richtung Obergiesing, bis zum 60er Stadion. Somit bin ich zwar irgendwie auf den Rennsteiglauf vorbereitet, aber eigentlich diesmal völlig anders als die beiden Male davor. Am Wegesrand sah ich ein paar Jugendliche, die rauchten, einen Mann der irgendetwas erntete und ausstach, eigentlich wollte ich fragen, aber war dann doch zu feige und einen anderen Läufer der so etwas

ähnliches machte wie ich, nur eine flachere Runde. Am Schluss hatte ich wieder 10,5km auf der Uhr und war so mehr oder weniger zufrieden.

Stdiut von MgMBlog @ 16.05.11 - 15:25:16

Stampf and Run

Hoffentlich gab es heute kein Erdbeben auf der anderen Seite des Erdballs. Bin durch den E-Garten gestampft, wie eine Sauerkrautmaschine. Aber

immerhin habe ich die 10km in 53:15min geschafft. Ab jetzt heißt es wieder einmal Tapering bis Samstag und dann hügelauf, hügelab über den Rennsteig. Bin ja gespannt wie Bolle, was ich dieses Jahr reisse. Im letzten Jahr hatte ich ja den Rennsteig-Etappenlauf als Vorbereitung gemacht. Wobei ich bis heute nicht weiß, ob das nun gut oder schlecht für den Körper war. Mal sehen, wen man dort so alles wiedersieht. Ist mein erster innerdeutscher Ultra-Lauf dieses Jahr, ach ne ,die 6 Stunden in Nürnberg waren der erste. Na egal.
Stdiut von MgMBlog @ 17.05.11 - 15:45:30

So schrecklich demotiviert

Diesmal hatte ich für den Rennsteiglauf wenig trainiert, habe keine Strecke vorher angeschaut, mir keine Zeiten ausgerechnet, also Schnitt pro Kilometer oder so Gedöns. Nachteil, ich war morgens völlig demotiviert an der Startlinie, aber der Reihe nach.

Nach dem Kloßessen gestern Abend ging ich heim und schaffte es tatsächlich, nachdem alles vorbereitet dalag, den Fernseher um 22:30 Uhr abzuschalten (Closer) und den Wecker um 04:15 Uhr zu stellen.

Natürlich wurde ich mitten in der Nacht wach. Und wie spät war es? Richtig 04:10 Uhr. Ich hasse es, wenn mir morgens Schlaf fehlt. Egal, um 04:30 Uhr ins Bad, alle wunden Stellen eingeschmiert und los. Vorher noch die Semmel von gestern gekaut, auch widerwillig, um die Uhrzeit isst doch niemand. Im Hotel erschallte, als ich im Bad war, der Feueralarm auf allen Stockwerken für mindestens 15 Minuten. Gott sei Dank, war ich eh schon wach, sonst wäre ich ausgetickt. Um 05:15 Uhr los, den Sack mit den Sachen abgegeben und blöd rumgestanden bis zum Start.

Na gut, es gibt ja genug zu sehen. Allerdings ist es mir schleierhaft, warum jedes Jahr der Helikopter über der Startrede kreist, so dass man nix versteht. Das Rennsteiglied ist wiederum witzig und gehört dazu. Wobei ich es jetzt oft genug gehört habe.

Dann Startschuss und Pulk läuft los. Da ich, wie gesagt, ziemlich demotiviert war, lief ich entsprechend langsam los. Letztes Jahr hatte ich ja Probleme beim Hochlaufen, dieses Jahr nicht, aber ich bin bergauf trotzdem ziemlich viel gegangen. Da ich im Kopfrechnen eh zu dusslig bin, fing ich auch gar

nicht erst irgendwelche Exempel an, so à la was wäre wenn. Ab Kilometer 30 dann erwachte der Läufer in mir und ich wollte schon mal sicher ankommen, schon weil ich zu faul gewesen wäre, die Klamotten zu organisieren.
Bereits ab Kilometer 3 war ich patschnaß geschwitzt. Du ölst, hätte Andrea gesagt. Es war tierisch warm. Gar kein Vergleich zum letzten Jahr. Ich hatte beim Start schon Schweißausbrüche, wenn ich Läufer in lang oder mit Jacke entdeckte. Ein Mann beim Start hob ein T-Shirt auf, das ein anderer Läufer wohl nur für den Start gekauft hatte. Mei süß, wir Alten werfen eben nicht gern was weg.
Die Läufermasse bewegte sich mit mir. Ich glaube, ich habe aus Versehen die Brockenhexe beleidigt. Mia Culpa. Ich fragte nur, warum sie heute so schlecht wäre, dabei kenne ich doch ihren Ehrgeiz. Aber wahrscheinlich hat sie mich eh nicht erkannt.
Von Kilometer zu Kilometer ging es weiter voran. Ich als Mecklenburger in fremder Umwelt -> Berge. An den Ständen war heute teilweise das Mineralwasser aus, aber Schleim und Cola und Wasser mit Geschmack gab es genug. Vita Cola, du Getränk meiner Heimat.
Unterwegs begrüßte ich noch ein paar Bekannte. Aber einige erkannten mich auch nicht. Na, so oft laufe ich ja auch nicht. Nachdem bei Kilometer 50 und 55 immer noch alles gut lief, fing ich doch mal an zu schätzen.
Aber die Zahlen waren immer noch zu hoch. Das Wetter spielte gut mit, allerdings muss es in Richtung Schmiedefeld mal ordentlich gegossen haben. Es gab im Radio sogar Unwetterwarnungen für eine Gegend in der Nähe.
Stdiut von MgMBlog @ 21.05.11 - 21:44:29

Gemurmel und Sprint - Was für ein Lauf

Ab dem Kilometer 60 konnte man so langsam mal die Läuferschar um sich herum begutachten, ab hier war man so ungefähr in seiner "Leistungsklasse" unterwegs. Man wurde überholt und überholte die gleichen Leute selbst wieder.
Als es dann steil runter ging in Richtung See, war es ordentlich matschig auf dem Weg. Ein Mann stand rechts am Rand und versuchte sich zu übergeben, was ihm auch nach mehreren Anläufen gelang.
Ich hoffe, dem armen Kerl ging es anschließend besser. Ich wollte erst noch

fragen, ob er Wasser bräuchte, aber die Aussicht, dass er in mein Beißstück von Camelbak beißen würde, um Wasser zu ziehen, hielt mich dann doch zurück. Bitte verzeih mir lieber Läufer :oops: Ein Pärchen vor mir beredete jetzt die Renntaktik und dass sie es noch unter Neun schaffen könnten. Ungläubig schaute ich auf meine Uhr und dachte: "NIE".
Aber dann dachte mir, probier es doch einfach mal und gab Gas. Meine rechte Arschbacke hatte beim Start weh getan und jetzt ab und an der linke Oberschenkelmuskel, aber sonst hatte ich noch keine Ausfälle. Also gesagt, getan. Es spritzte nur so durch die Gegend und ich nahm noch einmal ein Gel und dann ließ ich es krachen, also für meine Verhältnisse. Trotzdem ließ ich aber keinen Wasser und keinen Verpflegungspunkt aus. Da plötzlich das 70km-Schild, mir lief ein kalter Schauer den Rücken runter. Wenn jetzt nichts reißt und kein Krampf kommt und ich mich nicht verrechnet hatte. WENN. Jedenfalls stapfte ich den letzten Hügel sogar im Trippelschritt rauf und gab dann wieder Gas. Im Zickzack durch die Wohnsiedlung, deren betonierte Strasse von den Schlammfüßen von über 1000 Läufern verschmutzt war. Dann sah ich das Ziel, noch unendliche 700 Meter entfernt, das fühlte sich grausamer ab, als 70km beim Start. Ich lief in die Gasse und sah die digitale Uhr noch mit einer ACHT am Anfang. Jetzt ließ ich es austrudeln und genoss den Moment.
Als die rote Matte piepte, drückte ich auf den Garmin, irgendetwas unter Neun, egal was. Es waren sagenhafte 08:56:17 h netto. Das hatte ich am Morgen sicher nicht erwartet. Die letzten Kilometer ab 70 zeigte mein Garmin mit einem Schnitt von 5:23 Min/km an.
Jetzt machte sich in mir ein inneres Grinsen breit und ich trank noch eine Cola im Ziel, mit stolz umgebaumelter Medaille am grünen Band. Dann ging es relativ relaxt und geordnet weiter.
Erst zur Wiese mit dem Kleidersack, wo mir ein junger rauchender Helfer erzählte, wie sie unsere gelben Kleidersäcke vor dem Unwetter geschützt hatte. Danke an ihn und danke an alle Helfer. Ich weiß, wir zahlen Startgebühren, aber ich denke die meisten helfen trotzdem freiwillig oder gegen wenig Entschädigung. Dann schlenderte ich zur Finisher Shirt-Ausgabe, dann beschloss ich meinen Gutschein für ein Bier heute mal selber zu nutzen. Auf die Suppe wollte ich bewusst verzichten.
Anschließend ging es zum Duschen. Das dauert immer ewig bei mir, ehe ich da aus der Hüfte komme, aber da ist es ja auch egal. Und ich hatte keine

Blase und keinen blauen Zeh und intakte Brustwarzen, trotz ohne Pflaster.
Ich hatte mich noch gegen die Bratwurst entschieden, denn ich hatte ja am Freitag schon eine gefuttert und fett genug bin ich ja. Also schlenderte ich langsam runter zum Bus in Richtung Eisenach, der auch gleich kam. Somit war ein Lauf absolviert, ein Tag vergangen und so langsam konnte ich mich sacken lassen.
Stdiut von MgMBlog @ 22.05.11 - 20:36:01

Abgerechnet wird am Schluss - Das Fazit zum Rennsteiglauf

Wie fällt das Fazit denn nun aus? Durchwachsen würde ich sagen.
Das Hotel lag sensationell nah, dafür war das Personal wenig zuvorkommend, die Zimmer merkwürdig möbliert, die Ecken schlecht geputzt und der Alarm morgens um 05:00 Uhr hätte auch nicht sein müssen.
Die Krönung war die Rezeptionistin, bei der ich angereist war. Die fragte mich bei der Abreise, als ich meinen Schlüssel ablegte doch glatt: "Und bezahlen?" Ich hatte bei der Anreise bei ihr höchstpersönlich bezahlt. Also erstens hätte ich früher bei gerade mal 48 Zimmern jeden Gast mit Namen gekannt und zweitens das Deutsch und die Höflichkeit :crazy: unter aller Sau.
Der Lauf war im Nachhinein ein Riesenerfolg. Das unter neun Stunden würde ich glatt noch wichtiger einordnen, als einen Marathon unter vier Stunden zu finishen. Da bin ich wirklich super zufrieden.
Dann das Rahmenprogramm. Also das Kloßessen und die Shirt-Ausgabe hatten diesmal lange Schlangen vor sich. Bei meinem ersten Supermarathon (35) war das Kloß-Zelt noch woanders, da dauerte es auch so lange, aber letztes Jahr ging es eindeutig schneller. Lag vielleicht am Wetter, denn letztes Jahr war es lausig kalt.
Unterwegs fehlte teilweise Mineralwasser, stattdessen gab es Wasser mit Geschmack, kann man mögen, muss man aber nicht. Also ich bevorzuge entweder Cola oder Wasser. Das sonstige Angebot war aber wie immer reichlich, nett serviert und der Haferschleim ist die beste Idee, die die Thüringer je hatten. Das macht ihnen keiner nach. Auch die Leute beim Gepäck waren eifrig bei der Sache.
Was soll ich sagen, insgesamt hat es mir wieder sehr gut gefallen. Eisenach ist wirklich ein schöner Fleck Erde. Der Lauf hat eine tolle Stimmung und die

Leute aus der Gegend sind mit Herzblut dabei. Wenn jetzt die Hotellerie auch noch lernt, was es heißt gastfreundlich zu sein, wird es ein ganz rundes Erlebnis.
Werde ich im nächsten Jahr dabei sein? Ich weiß es einfach nicht. Es ist ein Jubiläum, aber es hängt ja an so vielen Faktoren, wie Job, Gesundheit und Lust.
Also Eisenach, ich komme sicher wieder, da können mich auch ein paar Zicken an der Rezeption nicht abhalten, aber wann weiß ich noch nicht.
Stdiut von MgMBlog @ 23.05.11 - 19:44:01

Die ganze Wahrheit über Asics

Ich gebe zu der Titel ist etwas reisserisch formuliert, aber wenn eine Firma keine Verantwortung für Ihre Produkte übernimmt, dann könnte ich schon mal einen Rappel kriegen. Worum geht es?
Ich habe den Asics GT2160 gekauft,bei einem Onlinehändler, beim ersten Paar Probleme bekommen, asics und den Händler angeschrieben, ein neues Paar vom Händler bekommen, nicht von asics, welches aber die gleichen Probleme macht.
Nachdem ich seit 2005 den GT trage, in entsprechenden Modellnummern GT2130 / 2140, schreibt nun asics: „Sind Sie denn sicher, dass Sie einen Laufschuh mit Pronationsstütze benötigen?“ und „Wir empfehlen unseren Kunden Schuhe unter Beratung bei einem Fachhändler zu kaufen. ASICS bietet eine Zufriedenheitsgarantie an, so dass Sie die Möglichkeit haben, Schuhe innerhalb von 14 Tagen nach Kaufdatum zurückzugeben, wenn Sie mit den Schuhen nicht zurechtkommen. Diese gilt aufgrund der fehlenden Beratung aber nicht für Onlinehändler.“
Ja haben die denn einen Knall? Da reagiert ja jede Joghurt-Firma individueller, als asics als „Weltfirma". Mein Fuß wird sich ja nicht gerade völlig deformiert haben in letzter Zeit. Und ich kaufe beim Onlinehändler nur Modelle, die ich vorher auch mal bei einem Fachhändler gekauft hatte, mache also keine Experimente.
Auf mein Angebot bei der Suche des Makels mitzuhelfen, hat man gar nicht reagiert. Ärgerlich. Aber des Einen Verlust, des Anderen Gewinn. Da haben Brooks und Nike halt mehr Umsatz demnächst. Ich brauche pro Jahr so ca. 6

Paar Laufschuhe,. Ich denke zwar nicht, dass ich damit asics grundlegend schädigen kann, aber im Produkte boykottieren bin ich ebenfalls Ultra, da kann sich asics sicher sein.
Stdiut von MgMBlog @ 24.05.11 - 10:40:35

Fahrrad

Zur Abwechlung laufe ich diese Woche sehr wenig. Werde erst am Samstag wieder antraben. Aber immerhin fahre ich schon seit Montag wieder Rad, obwohl mir der Rennsteiglauf noch in den Knochen steckt. Aber es macht sich ganz gut, hätte eigentlich Schmerzen erwartet, aber nix dergleichen. Das gibt eben gleich wieder gute Körner für die Beine. :-)
Stdiut von MgMBlog @ 25.05.11 - 19:33:35

Und wieder ein Meilenstein

Heute hat die Laufgruppe wieder einen Meilenstein geschafft. Monika und Christian sind zum ersten Mal 5km am Stück gelaufen. Natürlich hatte ich die beiden nicht vorgewarnt. Ich hatte schon befürchtet, dass Monika mich erschlägt oder für verrückt erklärt, aber nichts dergleichen. Sie hat tapfer gekämpft, Suuuppeerr! Ich bin ja so stolz. Das hätte uns sicher vor einem Jahr noch keiner geglaubt.
Solche Tage erlebt man nicht allzuoft, da macht es wirklich wieder Spaß zu laufen und die eigene Motivation steigt enorm.
Stdiut von MgMBlog @ 28.05.11 - 18:25:42

Laufen am Abend

Laufen am Abend, erquickend und labend. Meine Sonntagabend-Runde brachte 10km in 55 Minuten, immer entlang der Isar, quasi sightseeing und Leute begaffing, neben dem eigentlichen Lauf. Gestern brauchte ich einfach was zum Angucken unterwegs.
Die Zeit war voll okay. Ich merke aber schon noch ein Ziehen in den Sehnen

vom Rennsteiglauf. Hoffentlich vergeht das noch bis Mühlhausen, zum Läuferzehnkampf.

Stdiut von MgMBlog @ 30.05.11 - 14:49:18

Sommer

Mühlhausen

Was soll ich sagen? Wieder ist ein Tag für Packen und Reisen drauf gegangen. Gestern Abend habe ich allerdings gefaulenzt und erst heute Vormittag alles gepackt. Gegen 13 Uhr ging es dann mit dem Auto los und gegen 18 Uhr war ich im Hotel.
Die Startnummer hole ich aber erst morgen ab. Die Fahrt führte auf eine kleine Umleitung von der A73 durch die Berge über eine U99 auf die A71, da habe ich schon ein wenig geflucht, denn es war schlecht ausgeschildert und dann gab es noch „Stau in Ilmenau". Kam da nicht mein Zimmerkumpel vom Rennsteig-Etappenlauf her?
In Thüringen war ich ja nun schon öfter. Das Hotel liegt verträumt in der Innenstadt, nur die Anfahrt ist etwas verzwickt, aber es war dann noch lösbar. Abendessen gab es im Hotel und danach habe ich mir noch die Stadt angeschaut, wau was für große und schöne Kirchen.
Ab morgen geht es dann an die Wettkämpfe. Das ist mal so ein richtiges Grundlagen-Training für mich. Ich bin ja schon gespannt wie ein Flitzbogen, wie ich nach dem Rennsteiglauf so mit den „Unterdistanzen" zurechtkomme. Bin ich eigentlich der einzige Ultra-Läufer dort?
Stdiut von MgMBlog @ 01.06.11 - 22:46:29

Läuferzehnkampf Mühlhausen

Tja, wie ist denn nun so ein Läuferzehnkampf? Kurze Antwort, anstrengend. Ich bin schon so gegen 10:00 Uhr da gewesen und um 11:30 Uhr war dann pünktlich die Eröffnung.
Um 12 Uhr war dann der Start der 60m-Läufe, ab 14:30 Uhr die 1500m und ab 17 Uhr die 400m. Mit den 60m und 1500m bin ich mangels Vergleich zufrieden, die 400m konnte ich auch schon mal schneller.
Zwischen den Wettkämpfen macht man immer wieder Erwärmung, aber man sitzt auch sehr lange rum. Ich habe mir heute einen Sonnenbrand im Gesicht gefangen, die Mützen lagen nämlich brav im Hotel. Morgen werde ich wohl doch mit dem Auto fahren, dann man kann mehr Sachen bunkern. Ansonsten sind die Leute wirklich nett und liefern unglaubliche Leistungen ab.

Ich dürfte so ziemlich am Ende der Leistungsträgerkette rangieren. Trotzdem bin ich in einer witzig gemischten Läufergruppe, weil wir alle keine Zeiten gemeldet hatten und somit einige superschnell sind und dann komme ich.
Aber egal, es macht Spaß und es strengt tatsächlich mehr an, als vermutet.
Und hier noch einmal die Ergebnisse, für alle Nicht-Twitter-Follower, 60m in 9,91 sec, die 1500m in 06:12:57 min und die 400m in 01:17 min.
Stdiut von MgMBlog @ 02.06.11 - 20:30:58

Läuferzehnkampf Mühlhausen Tag 2

Das erste was ich heute Morgen gemacht habe, war Sonnenschutz zu kaufen, Lichtschutzfaktor 50. Und ich habe meine Mütze brav getragen. Es brennt noch a bisserl, aber es geht. Schlimmer war heute Morgen mein Ischias. Ich denke mal die Verletzung von dem Radfahr-Unfall und der kalte Wind spielen da zusammen.
Dadurch konnte ich beim 100m-Sprint leider nicht ganz so anziehen und habe auch die Spikes weggelassen, denn das geht noch mehr ins Bein. Bei den Sprints haben wir auch die meisten Verletzten, ein Läufer hat sich gestern sogar die Schulter gebrochen, als er im Ziel stürzte. Gute Besserung!
Unsere Sitzordnung ist jetzt neben den Mannen vom USC Magdeburg und ich teile mir die Bank mit Dieter aus Berlin und seiner Frau und Gerd aus Zingst. Ist eine lustige Truppe und seit heute laufen wir sogar oft in der gleichen Startgruppe. Die Veranstalter gehen jetzt nach Prognosen. Aber die sind ganz schön knackig berechnet, finde ich. Außerdem habe ich einen guten Kumpel in Steffen, einem Namensvetter aus Mühlhausen gefunden.
Der Starter aus Österreich versucht der Sonne zu entgehen, indem er sich oft in die Umkleide zurückzieht. Okay, da ist es wirklich kühler als draußen und es gibt keine Sonne. Die Sonne knallt nämlich herunter, aber im Schatten friert man. Heute habe ich deswegen nach den Läufen auch lieber die Klamotten gewechselt.
Der Wettkampf lief wieder gut organisiert ab und alle Helfer und Organisatoren sind noch gut gelaunt. Bleibt hoffentlich so. Die 100 Meter, waren, wie gesagt grottig, ich hasse es als Letzter über die Linie zu gehen, Ergebnis: 16,97 sec. Die 3000 Meter liefen dagegen gut. Wir wurden zwar alle vom Sieger unserer Gruppe überholt, aber meine Endzeit war dann

12:59:16 Min, also für meine Verhältnisse nicht schlecht. Da ich der Zweite war, wurde mein Name ziemlich häufig vom Stadionsprecher erwähnt, war auch mal witzig.
Dann der letzte Lauf für heute, die 800 Meter. Die habe ich in 03:03:88 min abgerissen, mehr ging am Schluss einfach nicht, obwohl ich da gern die Zwei am Anfang gesehen hätte. Beim Dreitausender hatte ich einen echten Flash, daß war so richtig geil. Sorry für den Ausdruck. Also, unabhängig von der Zeit hat der einfach Spaß gemacht. Und mein Twitterkollege, der Hannes, der scheint auch seine Rekorde zu brechen, was ich immer so sehe und lese. Allerdings ist er immer schon in den ersten Gruppen, wo ich mich gerade mal einlaufen gehe.
Heute sind 6 Wettkämpfe absolviert, morgen noch einmal 3 Läufe und Sonntag dann die 10.000 Meter. Auf geht's Buam.
Stdiut von MgMBlog @ 03.06.11 - 17:26:04

Läuferzehnkampf Mühlhausen Tag 3

Heute nur ganz kurz die Ergebnisse, denn ich muss zur Pasta-Läufer-Party. Ein heißer, aber erfolgreicher Tag.
200m - 34,33 sec
5000m - 22:32,32 Minuten
1000m - 03:56,40 Minuten
Stdiut von MgMBlog @ 04.06.11 - 18:18:29

Finale in Mühlhausen

Heute gab es die finalen 10.000 Meter in Mühlhausen. Soviel sei gesagt, es war eine brutale Hitzeschlacht und ich bin unter 50 Minuten geblieben. Wieviel, weiß ich immer noch nicht, da es heute keine Zwischenergebnisse gab und ich mich hoffnungslos vermessen habe mit meinem Garmin.
Und obwohl für mich die Platzierung eher nebensächlich ist, habe ich mich vor den 10.000 Metern von Platz 73 auf Platz 63 hoch gearbeitet, mal sehen, ob das noch besser ging. ;)
Stdiut von MgMBlog @ 05.06.11 - 20:51:50

Läuferzehnkampf Mühlhausen Tag 3

Den 3. Tag gab es ja nur in der Kurzzusammenfassung, dabei war der eigentlich recht erfolgreich. Morgens die 200m habe ich natürlich erwartungsgemäß ziemlich gesandet. Ich glaube sogar, ich bin als Letzter meines Laufes übers Ziel gestolpert. Witzig war ja auch, dass alle Wettkämpfe heute in der Halbrunde der Bahn gestartet wurden.

Dann ging es so langsam an die 5000 Meter Läufe. Es war nicht unbedingt kühl, aber ich hatte mir vorgenommen mal ordentlich loszutraben. So ging es denn auch los. Das war so ziemlich ein Start-Ziel-Sieg, sowas ist natürlich Motivation pur. Die Zielzeit fand ich gigantisch 22:32,32 Minuten. Natürlich war mir somit auch sofort klar, dass die 10.000m keine Verbesserung meiner PB bringen konnten, aber ordentlich was abliefern war trotzdem mein Ziel.

Aber abends ging es erst noch auf die 1000 Meter. Also geradeaus fallen die mir deutlich leichter als in einer Runde. Ich bin aber mutig losgerannt und wurde auch ordentlich angefeuert. Trotzdem zogen auf der Zielgeraden noch zwei Läufer vorbei, ich hatte echt das Gefühl, ich stehe, als das passierte. Trotzdem biss ich noch einmal die Zähne zusammen und ging über die Ziellinie. Bange Minuten und dann tatsächlich die Bestätigung: 1000m in 03:56,40 Minuten. Ich bin erst ein einziges Mal unter 3 Minuten gelaufen und das ist lange her. War schon ein geiles Gefühl. Trotzdem war ich danach groggy.

Wir sitzen zwar den halben Tag rum, aber dann geht man wieder einlaufen und hoppelt rum oder man bewegt sich mal etc. pp. Dann immer wieder Wasser trinken und dann pinkeln gehen. Ein Wunder, dass die Kanalisation in Mühlhausen das durchgehalten hat. Unser Ösi - also Matthias aus Bad Vöslau, hatte heute in einem Lauf Pech, denn sein Schnürsenkel hatte sich gelöst. Das war bei seinen 5000 Metern. Gott sei Dank warf ihn das nicht aus der Bahn.

Und heute habe ich endlich mal dem Hannes die Hand geschüttelt. Wir kennen uns vom Twittern und ich kenne seine Zivi Vogelinsel, aber persönlich haben wir uns noch nie gesehen. Und irgendwie sind wir wohl beide etwas schüchtern und fremdeln.

Und ich glaube, Oliver hat heute Fotos vom Einlauf der 5000m gemacht und gesagt, ich wäre fotogen. Auf das Ergebnis bin ich aber schon echt gespannt.

Stdiut von MgMBlog @ 06.06.11 - 20:42:27

Läuferzehnkampf Mühlhausen - Tag 4

Am Abend des dritten Tages gab es im Sporthotel eine Pasta-Party für uns Läufer. Das hieß, nach Hause in mein Hotel, duschen, umziehen und zurück ins Sporthotel, gleich neben dem Platz. Dort meinen Essensbon abgegeben und dafür ein blaues Bändchen erhalten. Angestellt fürs Buffet und dann Platz gesucht. Gott sei Dank war noch ein Plätzchen frei. Da ich niemanden so richtig kannte, wusste ich auch nicht wohin setzen, fand aber Asyl.

Nach zwei Portionen Nudeln und einem Mininachtisch sowie zwei Erdinger Alkoholfrei, bestellte ich dann aber die Rechnung und fuhr heim. Wir saßen an einer offenen Terrassentür, aber es war innen trotzdem tierisch warm und packen musste ich ja auch noch. Ich hätte gern auch noch etwas Läuferlatein ausgetauscht, aber wie gesagt, ich bin schüchtern.

Tag 4

Dieser Tag 4 fing genauso warm an, wie Tag 3 geendet hatte. Das Frühstück im Hotel kam trotz Anfrage wieder einen Tick zu spät, aber da heute die Mädels ab 09:00 Uhr zuerst auf die Runde mussten, hatte ich genügend Zeit. So gegen 09:00 Uhr war ich dann auch schon auf dem Platz und da der Start der Frauen etwas verspätet losging, konnte ich noch alles sehen.

Das eigene Einlaufen fiel heute viel leichter, denn für einen Sprint braucht man bedeutend länger, um warm zu werden. Auch unser Start verzögerte sich um ein paar Minuten. Es war schon jetzt morgens um 10:15 Uhr knallheiß auf der Bahn.

Wir wurden aufgestellt und erfuhren dann auch noch, dass ein Läufer aus der Bestengruppe bei uns mitlaufen würde, da er am Nachmittag keine Zeit mehr hatte. Soweit so gut. Startschuss und los ging es. Eigentlich wollte ich auf 04:45min/km laufen, aber selbst das war heute noch zu schnell. Also, drehte ich Runde um Runde, wurde überrundet, überholte Läufer und hatte mein Hirn weitestgehend ausgeschaltet.

Ich glaube, der Spitzenläufer hat mich dreimal überholt. Wasser durften wir mitführen und somit hatte ich meinen Trinkgürtel umgeschnallt. An der Bahn wurden nasse Schwämme und Becher mit Wasser gereicht.

Als ich die Rundenzahl 10 des Führenden las und keine Ahnung hatte, wieviel Runden ich jetzt hatte, wurde ich leider mal unwirsch und brüllte: „Gibt's auch mal 'ne Ansage?". Von da an zählte mein Rundenzähler aber jede Runde laut vor für mich. Leider wusste ich aber überhaupt nicht mehr wo ich stand, hatte mich auf dem Garmin verdrückt und kannte mich gar nicht

mehr aus. Erst später habe ich erfahren, dass ich wohl nach dem Topmann auf Platz zwei in dem Lauf reinkam, er hat mir also den Sieg versaut :-)) (Danke für die Info Hannes).
Leider wurde unser Lauf auch ziemlich schlecht moderiert, muss ich leider sagen. Es gab zwar wenig zu reklamieren, aber diesen eine Punkt schon. Da ich mich dann gar nicht mehr auskannte, dachte ich auch noch, ich wäre eine Runde zuviel gelaufen. Aber als ich dann erfuhr, dass es ja unter 50 Minuten waren, zog ich meinen verwirrten Protest natürlich zurück und entschuldigte mich. Sorry ans Team !!!
Nach den Läufen gab es heute keine Zwischenzeiten, aber meine Endzeit betrug 48:25,17 Minuten. Nicht das Beste, was ich je hatte, aber nach den 4 Tagen und bei der Hitze akzeptabel. Meine Endplatzierung weiß ich auch noch nicht, das reiche ich dann nach. Hannes meinte aber schon, 63 ist noch zu optimistisch.
Ich ging dann aber erst einmal duschen und schaute mir die beiden Endläufe, die noch ausstanden, auch noch an. Es ging tatsächlich „heiß" her dabei. Besonders im letzten Lauf hatte ich ja zwei Leute, die mich besonders interessierten.
Der Hannes und der Matthias gaben sich die Sporen. Aber auch Oliver, Sven und der Führende, Tim, waren zu bewundern. Wow, die Zeiten hätte ich auch gern mal. Ich feuerte von der Seite so gut es ging an. Am Schluss kam der Hannes ins Ziel und brüllte erst einmal vor Begeisterung oder um seine Anspannung loszuwerden. Die Läufer sahen alle quatschnass aus vom Schweiß. Es war ja inzwischen um 13:00 Uhr herum und wirkliche Glut.
Matthias kam unter 40 Minuten ins Ziel und grinste über beide Ohren. Dem Schlingel schien die Hitze ja wirklich nichts auszumachen. Leider kollabierte einer der Läufer auch noch am Schluss. Aber streng nach den Regeln, durfte ihm keiner übers Ziel helfen. Aber sofort nachdem er über die Ziellinie getaumelt war, wurde ihm geholfen.
Mann, war das ein Lauftag.
Stdiut von MgMBlog @ 07.06.11 - 13:28:37

Asics - Abschied

Manche Abschiede passieren schmerzhaft, wie von meinem kleinen grünen Auto. Manche passieren dann aus Trotz, wie jetzt von der Firma Asics. Im Besonderen vom Asics GT2160. Ich hatte ihnen ja angeboten, das Problem mit dem Schuh zu klären. Aber da man einem Läufer, der seit mehreren Jahren diesen Schuh läuft, nicht glaubt, dass da etwas faul ist, wird eben mal die Marke an sich boykottiert. Eventuell freut sich ja jemand bei Ebay darüber, diesen Schuh preiswert zu erstehen.

Stdiut von MgMBlog @ 10.06.11 - 20:45:18

Probelauf

Heute Morgen habe ich mich aufgerafft und einen Probelauf nach meinem Unfall mit Schleudertrauma gemacht. Dank meiner Laufgruppe mit Monika und Christian lief es gut. Wir absolvierten gemeinsam 5,42km - was für beide eine Steigerung bedeutete. Christian durfte vorlaufen und war in 49 Minuten fertig, Monika und ich brauchten 50,40 Minuten. Da ich schon 1,2km zum gemeinsamen Treffpunkt getrabt war, fehlte mir ja eh nicht mehr viel und so trabte ich die 10km voll. Die linke Seite tut noch ziemlich weh und auch das Atmen geht noch nicht so prächtig, aber mir ging es nach dem Lauf deutlich besser als vor dem Lauf. Auch die Birne scheint in Ordnung zu sein, denn mir wurde nicht schlecht. Das hört sich doch fürs Training schon wieder ganz gut an.

Der Daumen tut allerdings noch sehr weh.

Stdiut von MgMBlog @ 11.06.11 - 17:42:20

Kleine Steigerung

Heute bin ich ohne alle Schmerzmittel gestartet. Es ging die Hochleite entlang über insgesamt 11km. Habe die 10km geteilt, die erste Hälfte in 28:29min und die zweite Hälfte etwas mutiger in 26:00min. Dann noch Auslaufen, fertig. Ging also schon wieder ganz gut, aber man merkt halt den Bumms des Aufpralls doch noch, vor allem an der linken Seite. Und beim Atmen drückt es links am Brustkorb.

Na egal, ich bin meinen Schutzengeln wirklich dankbar, dass ich schon wieder laufen kann und dass nix Schlimmeres passiert ist.
Stdiut von MgMBlog @ 12.06.11 - 17:50:33

Pensum

Heute wollte ich mein Pensum erhöhen, bin aber extra langsam gelaufen. Es sind dann doch 15km geworden, obwohl ich bei 12km schon mal aufhören wollte. Tja, die Knochen sind ja ganz, aber die Muskeln sind doch etwas verspannt, vor allem links. Das ist sozusagen Arbeitsverweigerung des eigenen Körpers. Na gut, dann lass ich ihn jetzt mal bis Samstag in Ruhe und fahre nicht einmal Fahrrad. Hoffentlich hilft es.:yes:
Stdiut von MgMBlog @ 13.06.11 - 20:25:14

Ab in die Spur

Ab in die Spur dachte ich mir heute. Schließlich kann ich ja nicht ewig nicht trainieren. Also ging es um 11:00 Uhr los mit der Laufgruppe und Monika hat Ihre ersten 6 Kilometer am Stück absolviert, auch wenn es hier heute sehr schwer fiel. Christian hat dann sogar 6,1km geschafft. Wir hatten ihn vorlaufen lassen und er wusste halt nicht, wo das GPS sechs komma null sagt. :DD Glückwunsch ihr Zwei!
Danach ging es für mich heute noch langsam weiter, ganz ohne Zeitdruck 3 Stunden laufen. Das Wetter war total verregnet, ein DocRunner-Wetter. Aber es ließ sich aushalten. Es war auch lustig an einigen Stellen durch die Pfützen zu preschen, denn Ausweichen ging nicht, da sie über den gesamten Weg und weiter reichten. Alles in allem ein guter Anfang, auch wenn es noch immer zwickt beim Atmen.
Stdiut von MgMBlog @ 18.06.11 - 21:08:43

Der Mann im Regencape

Der Mann im Regencape, der heute entlang der Isar im Laufschritt unterwegs war, das war ich. Nach meinem Ausflug auf die Kurzstrecken, muss ich mir jetzt wieder die nötige Kondition für den Ultra erarbeiten. Bin gestern und heute jeweils drei Stunden

gelaufen, habe aber beide Male keine 30km geschafft. Aber so schnell soll man ja auch gar nicht steigern, zumal ich ja noch ein wenig nach innen horchen muss, beim Laufen. Damit sich nicht doch irgendwo ein Wirbel für länger verabschiedet.
Das Wetter hatte heute auch sonnige Abschnitte. Trotzdem war ich froh, heute mal das Cape anzuhaben, welches eigentlich fürs Fahradfahren gekauft wurde. Macht aber nischt, dann ist das teure Teil endlich mal benutzt worden. Der Regen war heute, wenn er denn fiel, immer gleich eklig, nicht wie gestern. Okay, in der Sonne sah es albern aus, aber für die paar Meter immer an- und ausziehen, war ich einfach zu faul.
Das Wochenpensum ist dank Feiertag am Montag sogar recht ergiebig ausgefallen, mit über 67km. Das kann man so stehen lassen.
Stdiut von MgMBlog @ 19.06.11 - 20:04:57

Das war nix heute

Also gefühlstechnisch habe ich heute völlig durchgehangen, ich weiß auch nicht wieso. Immerhin habe ich es noch auf einen 05:36min/km Schnitt gerettet. Aber es fiel heute wirklich schwer. Es war total schwül unter schwarzen Wolken im Grünen Park. Jedenfalls war ich froh, dass es vorbei war. Morgen mache ich wieder Ruhetag und Donnerstag einen längeren Kanten. Mein Garmin 405 hat mich allerdings heute wieder zur Weißglut gebracht.
Stdiut von MgMBlog @ 21.06.11 - 16:42:55

Warten

Heute war Laufpause und das habe ich auch genossen. Mir fiel nur mal auf, wie lange man im Leben eigentlich auf etwas wartet. Auf die Form, auf den Wettbewerb, auf Pakete.... Aber ich habe heute schon einmal die Fahrkarte nach Ulm gebucht. Am 01.07.2011 geht es auf zur Ulmer Laufnacht. Werde die 50km von Blaustein nach Ulm laufen und von dort gleich wieder nach Hause düsen. Das geht schon mal, morgens im Zug muss man nicht so frisch duften :-))
Stdiut von MgMBlog @ 22.06.11 - 18:43:03

Wunderwerk menschlicher Körper

Dienstag ging es noch so grottig, dass ich dachte es geht gar nix mehr. Entsprechend skeptisch bin ich heute zu einem langen Lauf aufgebrochen. Der Wetterbericht hatte Schauer angesagt. Es war aber eher nur schaurig. Es hat drei Stunden nicht aufgehört zu pladdern.

Gleich nach dem Start nach einem Kilometer tat mir wieder der Rücken weh und dann zuckte es auch noch im rechten Knie. Na super, dachte ich. Aber ab der Isar merkte ich

gar nix mehr. Es waren erwartungsgemäß sehr wenig Läufer unterwegs. Ein netter Rothaariger im blauen Dress überholte mich mehrmals so bis Tierpark, da er mehrmals stehenblieb, wohl um seine Musik zu wechseln.

Ein anderer Läufer pendelte mit mir herum, weiß oben und schwarze Hose, keine Mütze, keine Jacke aber Musik am Arm. Wir überwanden mehrere Absperr-Bänder, denn es hatte wohl gestern bei dem Unwetter einen Baum umgehauen. Ich bin durch die Krone geklettert und er ist unten vorbei gelaufen, wobei er genau so schnell war, wie ich steifer Bock. Dann halfen wir uns noch durch ein paar weitere rote Bänder, wobei er das letzte Band übersprang, ich hob es aber trotzdem wieder hoch. Tja, er war halt sportlicher. Dafür war ich etwas schneller unterwegs. Ich überholte ihn ein paarmal, da ich einmal telefonierte, einmal Fotos machte von den Flossen und einmal hat er irgendwo abgekürzt und war wieder vor mir.

Ich hatte bis zum Brunnen am Tierpark meine Flasche leer und 20 Kilometer unter zwei Stunden fertig. Die restlichen zehn Kilometer lief ich nördlich, wechselte dann an der Wittelsbacher Brücke auf die andere Fluss Seite und noch am Müllerschen Volksbad vorbei und wendete dann wieder. Auf der Holzbrücke unter der Autobrücke saß ein älterer Mann und spielte Flöte, krass bei dem Wetter. Er wird wohl nicht viel verdient haben heute. Dann an der Brudermühlbrücke hatte ich stolz meine Norm für heute erfüllt 30km in unter 3 Stunden. Den Rest trabte ich langsam nach Hause.

Insgesamt waren es dann 31,25km und somit habe ich diese Woche schon mal einen Marathon geschafft. Da es heute wieder sehr gut lief, bin ich doch immer wieder erstaunt, wie unterschiedlich der Körper an manchen Tagen so reagiert.

Stdiut von MgMBlog @ 23.06.11 - 19:27:27

Ein fauler Bauch läuft nicht gern

Gestern einen Kollegen zum „Lunch" getroffen, abends lecker essen beim Pseudo-Franzosen und morgens die Ex-Kollegen zum Frühstück getroffen, nachdem ich beim Friseur war. Wer soviel frisst, kommt nicht von der Stelle, dachte ich.

Aber heute waren 20km geplant und die mussten bewältigt werden. Also lief ich mal los und fühlte mich wie der Wolf aus Rotkäppchen. Die ersten Kilometer liefen denn auch sehr schleppend. Das Wetter war aber heute noch relativ kühl, dunkle Wolken, aber kein Regen. Es ging gut voran und ich wurde immer schneller. Am Schluss waren die 20km in 01:52h beendet, also beim Marathon wäre das ein 4 Stunden-Schnitt gewesen. Dann noch kurz austraben und fertig war das Training.

Stdiut von MgMBlog @ 25.06.11 - 20:49:02

Über 90

Die letzte Woche bin ich über 90 Kilometer gelaufen und gestern nach dem Lauf habe ich mich erst einmal auch so gefühlt. Bin gemütlich fast drei Stunden gelaufen. Aber es war schon sehr dampfig in München. Was soll's, das Wochenpensum ist geschafft.

Die Route ging diesmal Hochleite, dann weiter über die Eisenbahnbrücke und erst kurz vor Grünwald einen steilen Weg zur Isar runter, muss ja auch mal trainiert werden vor Ulm. Dann die Hügel bis Grünwald, dann andere Isarseite, hinter zu EON und zurück auf dem Damm, aber beim ersten Wehr wieder auf den Radweg gewechselt. Dann nur noch Richtung Heimat, mit Wasser fassen am Tierpark.

Habe auch diesmal nicht auf Stop gedrückt, bei keiner Pause. Also echte Ultrazeit diesmal. Schnitt von 6:17 min/km. Jetzt gibt es aber mal zwei Tage Pause.

Stdiut von MgMBlog @ 27.06.11 - 11:24:14

Immer noch am Laufen

Am Mittwoch ging es pünktlichst aus dem Job und dann auf die Hochleite-Runde. Habe für die 10km so etwa 53 Minuten gebraucht, was bei dem schwülen Wetter und den drohenden Wolken am Himmel durchaus flott war für meine Verhältnisse. Habe aber auch wieder geschwitzt wie ein Affe. Somit geht es langsam wohl auch wieder etwas schneller voran. Nach dem Läuferzehnkampf war irgendwie alles raus aus den Muskeln. Aber jetzt ist auch eher Langdistanz gefragt. Heute ist Pause und morgen geht es nach Ulm.

Stdiut von MgMBlog @ 30.06.11 - 14:41:40

Anstrengender Freitag

Freitag war wieder voller Termine. Morgens ab 08:00 Uhr Arbeit. Dann um 12:00 zu einer Beerdigung, von dort heim und packen und ein kleines Nickerchen. Dann auf zum Bahnhof und in den Zug nach Ulm, von dort weiter nach Blaustein und auf den 50km Lauf vorbereitet und dann um 23:00 Uhr Startschuss zur 3. Ulmer Laufnacht. Manchmal denke ich, andere Menschen haben einfach weniger zu tun als ich. ;D

Stdiut von MgMBlog @ 02.07.11 - 19:11:05

So war meine 3. Teilnahme an der 3. Ulmer Laufnacht

Der Freitag war etwas voll, wie schon beschrieben. Also startet dieser Blog mal ab Hauptbahnhof München. Hier bestieg ich den Zug nach Ulm, wo ich sogar ohne Reservierung am Freitag Abend noch einen Sitzplatz bekam. Der Zug fuhr geringfügig zu spät los und holte unterwegs sogar noch Zeit auf. Somit stand ich am Bahnhof Ulm, besorgte mir noch ein Ticket nach Blaustein und wartete auf den Bummelzug, der uns innerhalb von 6 Minuten und einem Zwischenstop in das verträumte Blaustein brachte, der Zentrale der Ulmer Laufnacht.

Ich hatte nicht vor wieder dort hinzufahren, sondern wollte gleich in Ulm wieder in den Zug steigen. Schließlich wollte ich ja „nur" den halben Kanten laufen und das auch nur als Training.

So vor 20:00 Uhr waren wir da und liefen zu dritt vom Bahnhof zur Halle. Zusammen mit Markus aus München, der die 100km voll machen wollte und einem jungen Mann aus Laupheim, der für Laupheim laufen wollte, in der Staffel, nehme ich mal an. Den Weg kannte wohl ich am besten, so lief ich voraus. Aber auch kein Wunder, war ja meine dritte Teilnahme. Habe schon einmal die 50km und einmal die 100km unter die Hufen genommen. In der Halle waren die besten Plätze auf den Matten natürlich schon belegt, aber die zwei Stunden bis zum Start, konnte man auch gut auf den Sitzen verbringen. Ich futterte erst einmal die Spätzle, damit die nicht so schwer im Magen liegen würden, dann fiel mir ein, dass es ja noch ein T-Shirt gab, die sehen immer so cool aus mit den Neon-Farben. Das holte ich ab.
Dann um 21:00 Uhr die Einweisung. Sie war wieder ausführlich, aber in den ersten beiden Jahren war sie noch gründlicher. Also Jungs, nicht schlampig werden, gerade für die Erststarter gibt es da wichtige Informationen. Und wir anderen können ja auch weghören.
Ich zog mich dann noch um und dann das Einschmieren, ratschte anschließend mit Holger und Michael vom Baltic Run und mit dem Mann aus Ausgburg mit dem Hund. Zack, war die Zeit auch schon fast rum.
Die Halle war zweigeteilt durch die heruntergelassene Leinwand, sah aus wie die helle und die dunkle Seite der Macht. Aber zum Start liefen jetzt beide Seiten. Durch die Staffelläufer, die hier ziemlich stark vertreten sind, war ständig ein Gewusel in der Halle und auch auf der Strecke. Das belebt die Stimmung und macht Spaß zuzugucken. Wie da alle aufgeregt sind, ob auch alle Wechsel klappen, ob man genug schläft oder gleich wach bleibt. Das gibt der Ulmer Laufnacht eine ganz eigene Atmosphäre.
Im Stadion gab es wieder eine Show von Heißluftballons und dann den Start. Der Start ist wirklich Gänsehaut pur. Musik und Feuerwerk begleiten die Läufer auf der Stadionrunde raus auf die Strecke. Das ist wirklich einmalig und eine zündende Idee, die seit drei Jahren immer wieder für gute Stimmung sorgt, vom Start weg.
http://www.youtube.com/watch?v=niK7ronZKpU&feature=player_embedded
Stdiut von MgMBlog @ 03.07.11 - 20:11:13

3. Ulmer Laufnacht - Der Lauf

Startschuss, Feuerwerk - endlich laufen. Es ging durch eine ziemlich dunkle und ziemlich kalte Nacht. Quälte uns letztes Jahr eher brütende Hitze, so waren die avisierten 6 Grad Plus doch eher kalt für Anfang Juli.

Immerhin sollte es trocken bleiben, obwohl es am Bahnhof Ulm mal ziemlich geregnet hatte. Aber dafür sah man dort auch zwei (jawoll zwei) wunderschöne Regenbogen. Ich hielt es jedenfalls für eine ziemlich kluge Entscheidung eine Jacke angezogen zu haben. Die Jacke machte ich dann ab 01:00 Uhr sogar bis zum Kragen zu, nachdem ich den Reißverschluss anfangs noch offen gelassen hatte. Denn anfangs war es noch relativ warm.

Ich hielt eifrig Ausschau nach dem ersten Markierungsschild, welches alle 5km auftauchen sollte. Das hatte ich aber glatt verpasst und so schaute ich erst bei Kilometer 10 das erste Mal auf die Uhr. Nach 61 Minuten ging ich da durch. Für die Hügel gar nicht schlecht.

Beim Kilometer 11,5 trabte ich weiter, hier nahmen denn auch die Fahrradbegleiter ihre Läufer in Empfang und die 8er Staffel hatte ihren ersten Wechsel. Irgendwie habe ich aber den Versorgungspunkt verpasst. Das fiel mir aber erst bei Kilometer 15 auf. Denn ich überlegte dauernd, an welcher Stelle ich mein erstes Gel nehmen sollte. So schlimm war das aber nicht, denn ich hatte meinen Trinkrucksack dabei und heute sogar ein Gemisch aus Iso und Wasser und Salz. Alle weiteren Versorgungspunkte lief ich aber an.

Der Weg war gut markiert, durch Pfeile die reflektierten, durch Kreide und durch Bänder und es standen oft auch Helfer oder die Feuerwehr an neuralgischen Punkten. Obschon genug Läufer unterwegs waren, war man ab Kilometer 20 ziemliche Passagen ziemlich allein in dunkler Nacht. Nicht einmal die Stirnlampen waren zeitweise zu sehen, die uns sonst aussehen ließen, wie eine lange Kette von Glühwürmchen, die durch die Nacht ziehen. Keine Ahnung, woran das lag. Wenn man von einem frischen Läufer überholt wurde, war das in der Regel ein Staffelläufer, der frisch und fröhlich davon zog. Bei mir lief es gut, nur ab Kilometer 40 circa hatte ich ein paar Magen/Darm-Probleme. Ich hätte doch am Nachmittag nicht unbedingt Leberkäse und Schnitzel essen sollen. Gott sei Dank war es windig hinter mir. Die armen folgenden Läufer.

Einige Stellen der Strecke hatte ich heller in Erinnerung. Das lag entweder an den Wolken, obwohl ich sogar den Grossen Wagen gut erkennen konnte oder daran, dass ich sonst viel später an den Punkten war, die ich schon

kannte. Es ging wirklich flott daher heute. Zack war ich auch schon in Ulm. Unterwegs hatte ich noch Michael getroffen, der mir sagte, dass er die 100km nicht voll machen werde, wegen Problemen. Schade für ihn, so nah liegen im Sport die Erfolge und gefühlten Misserfolge beieinander.
Auch Ulm lag dunkel da. Ein paar Nachtschwärmer streiften durch die Nacht, ein junger Mann lag schlafend auf einer Bank, hatte wohl ein klein wenig über den Durst gekippt. Ein paar Enten schnatterten zur Begrüßung, die Schwäne schauten nur misstrauisch zu den Läufern am Fluss.
Dann ging es auch schon links in Richtung Stadion, eine kurze Ehrenrunde über die Zielmatte und nach 5 Stunden und 22 Minuten war ich im Ziel. Es war gerade mal 04:24 Uhr in Ulm.
Stdiut von MgMBlog @ 04.07.11 - 11:14:45

3. Ulmer Laufnacht - Epilog

Nach dem Lauf gab es noch etwas Cola. Dann zog ich mich um, drückte dem Mann von der Zeitnahme „Abavent" meinen Chip in die Hand, fragte wo der Hauptbahnhof ist, marschierte los, fotografierte eine Kuhherde aus Plastik und stieg in den Zug.
Fazit: Der Lauf hat wieder Spaß gemacht, die Veranstalter haben sichtliche Freude daran, gut zu organisieren. Natürlich ist nicht alles perfekt, aber was soll's. Die Idee, so oft es geht in Stadien einzulaufen, finde ich zum Beispiel sehr gut.
Beim ersten Mal stand man in Ulm doch relativ dusslig auf dem Markt rum. Wenn es da noch mehr Stadien auf der Strecke gibt, das wäre doch mal eine Idee? Die Staffeln bringen Leben in die Bude und ich denke mal auch den Umsatz, der die Sponsoren bewegt, etwas springen zu lassen. Von den Einzelstartern könnte man die Gebühren sicher nicht zahlen oder sie wäre immens höher. Vielleicht könnte man im Stadion in Ulm bei Kilometer 50 noch eine Chipabgabe einrichten und eine Dusche wäre auch nicht schlecht. Dann muss man nicht unbedingt ganz zurück nach Blaustein.
Und umgekehrt könnten die 50km-Starter in Ulm dort alles abholen? Da fährt zwar auch ein Shuttle Bus, aber z.B. für mich nach München zurück ist es trotzdem noch einmal ein Umweg. Jedenfalls wenn man eh nicht damit rechnet aufs Podest zu steigen.

Für mich war der Lauf ein voller Erfolg. Die Zeit ist für die Hügel und meine Verhältnisse sehr gut UND ich bin zum ersten Mal in meinem Leben Zweiter meiner Altersklasse geworden. Das geht doch runter wie Öl, oder?
Stdiut von MgMBlog @ 04.07.11 - 14:11:26

Absage der 24h von Berlin

Gestern hat mich die Absage des 24h-Laufes von Berlin erreicht. So ein Scheiß, das sollte mein Saisonhöhepunkt werden. Wenn sie wenigstens noch letzte Woche abgesagt hätten, dann hätte ich in Ulm die 100km voll machen können. Jetzt ich hänge ich rum und habe keinen Lauf. Umdisponieren geht dies Jahr auch nicht mehr, da mein gesamter Urlaub anderweitig reserviert ist. Das Ticket nach Berlin ist jetzt nicht so schlimm, mache ich halt Familienbesuche. Das ist jetzt schon der 3. 24h-Lauf, der mir abgesagt wird. Ich glaube, jetzt laß ich diese Strecke eben aus. Landschaftsläufe sind eh interessanter. Aber wurmen tut es mich trotzdem. Zwar hatte ich die Hoffnung auf einen Ersatz bei Berlin, 60km Finow-Kanallauf, aber die Anfrage wurde negativ beschieden. Der Lauf ist eher familiär und schon ausgebucht, wurde mir geschrieben. Dann gehöre ich wohl nicht zur Familie.
Berlin ich komme und mache Urlaub. Eine Reise ohne Lauf, ist schon fast ungewohnt. Aber Laufklamotten nehme ich natürlich mit. :yes:
Stdiut von MgMBlog @ 05.07.11 - 15:13:36

Bambus Socken

Heute Morgen beim AAnkleiden" habe ich bemerkt, dass ich unbewusst nach den Bambussocken hangele in der Sockenkiste. Ich glaube, ich bin jetzt offiziell Bambussocken-süchtig. Gibt es eigentlich auch Laufsocken aus dem Material?
Stdiut von MgMBlog @ 06.07.11 - 16:30:46

Zwei Stunden in Berlin

Heute ging es statt auf den 24-Stunde- auf einen 2-Stunden-Kurs. Ich wollte endlich mal eine andere Strecke laufen, also ging es los in Richtung Betriebsbahnhof Rummelsburg, dann Treskower Allee, dann bog ich auf den Radweg Richtung Hönow entlang der U-Bahn, die hier oberirdisch fährt. Danach bog ich aber mal rechts ab und wollte Richtung Wuhlheide. Da kam ich irgendwie aber gar nicht richtig an, stattdessen ging es entlang der Köpenicker Allee und dann durch eine Schrebergartenanlage an deren Ende ich auf die Köpenicker Strasse stieß.

Ich kam entlang des S-Bahnhofs Wuhlheide, aber von dort weiter entlang der Strasse war ich plötzlich in Biesdorf. Nachdem ich dort an der Zimmermannstrasse angekommen war, drehte ich um und wollte somit 20km vollmachen. Leider war ich auf den ersten zehn Kilometern aber etwas zu flott in der Hitze unterwegs und hatte auch nur eine Notflasche Wasser mit, das war gar nicht gut.

Ich musste drosseln, verlief mich dann noch in der Schrebergartenanlage und war somit erst nach 21,25km wieder zu Hause. Immerhin noch in einem Schnitt unter 6 Minuten, was aber gar nicht nötig gewesen wäre.

Ich bin gleich rauf in den 7. Stock und habe auf ex zwei eiskalte Diät Cola gekippt. Das war eine Wohltat.

Stdiut von MgMBlog @ 09.07.11 - 20:02:53

Wozu Vorsätze

Wozu Vorsätze, wenn man sie nicht ändern kann. Somit habe ich gestern Abend die Regel außer Kraft gesetzt, nach einem Flug einen Tag nicht zu laufen. Ich war mit dem Rad zur Arbeit und relativ früh zu Hause. Dort machte ich das Essen und schon um 19:15 Uhr, war der Garmin eingeloggt und ich auf der Loipe.

Zuerst an einem Unfall vorbei, mit Blaulicht und einem weinenden Autofahrer, der bei meiner Rückkehr dort immer noch bitterlich weinte. Scheinbar hatte er einen Fahrradfahrer umgenietet. Dann entlang der Isar Richtung Norden, über die Brücke dann südlich entlang des Flauchers Richtung Tierpark, auf der Tierparkbrücke runter auf den Mittelstreifen, Richtung Wasserstelle, von dort über die Brücke Maria Einsiedel und wieder Richtung Heimat. Es ging

ziemlich flott. Ein jüngerer Läufer wollte mir wieder einmal zeigen, dass er schneller ist und überholte mich für ca. 400m, nur um dann schnaufend festzustellen, dass ich das Tempo 10km halte. Es waren 10km in 52:39 Minuten, also hatte sich der Ausflug für mich doch schon gelohnt.
Stdiut von MgMBlog @ 13.07.11 - 14:27:59

Abendlauf

Gestern Abend ging es wieder auf ein kleines Läufchen. Mich macht meine Wade zwar gerade etwas wahnsinnig, aber das wird sicher auch wieder. Da pulsiert es dauernd drin, so wie Minikrämpfe. Laufen kann ich aber trotzdem damit.
Ich habe einfach eine Hin-und-Zurück-Runde gedreht, Richtung Tierpark und etwas weiter in Richtung Süden. Der Lauf an sich fing mit einem Schnitt von 6:16 min/km an, bei 10km war ich aber auf 5:33 min/km. Keine Ahnung warum, es gab keine Hasen zu jagen. :DD Der Lauf war aber trotzdem schön, es war sehr dunkel durch die tiefen Wolken und es tröpfelte so ab und an. Es waren einige Läufer unterwegs, aber nicht zuviele. Vielleicht sollte ich immer abends laufen??
Stdiut von MgMBlog @ 15.07.11 - 08:36:29

Heute als Fan

Heute stand ich als Fan an der Strecke und habe beim Triathlon in Hamburg Javier Gomez angefeuert. Eine echt tolle Leistung hat er gezeigt. Leider hat er ja nicht so die Sprintqualitäten und wurde aus der Lauf-Spitzengruppe nur Fünfter. Aber was soll's, in der Gesamtwertung liegt er erst einmal auf Platz Eins und das soll ihm erst einmal wer nachmachen.
Wir waren heute den ganzen Tag an der Strecke, mein ältester Bruder und ich, und sind dann noch einmal die 7,4km um die Alster gewandert.
Morgens die Jedermänner angeschaut und nachmittags die Elite. Unser Jan hatte wohl mehrfaches Pech. Aber trotzdem war es schon eine gute Atmosphäre, alles so dicht vor sich zu sehen. Somit hat sich mein Flug nach Hamburg gelohnt.
Stdiut von MgMBlog @ 16.07.11 - 17:55:24

Neue GPS Uhr ???

Ich dachte bei der Nike+ Sportwatch GPS ... an eine GPS-Uhr, dabei scheint das Ding nur zu funktionieren, wenn man noch ein Zusatzgerät in den Schuh legt. Und das ich dann gleich einer ganzen Community mitteilen möchte, was ich gerade gelaufen bin, na dazu gibt es twitter. Irgendwie scheint Nike da eine Allianz mit Mac - also allen iGeräten der Welt eingegangen zu sein. Womit sie mich als iPhone-Ignoranten einfach ignorieren. :lalala:

Na, so ein Pech aber auch.

Stdiut von MgMBlog @ 18.07.11 - 16:27:47

Wow - es steigert sich Genossen Läufer

Heute Abend hat mein Garmin mich zur Weißglut getrieben und damit scheinbar mein Adrenalin so gesteigert, dass ich vom Lauf begeistert bin. Ich wollte heute 2x5km laufen, mit einem eingestreuten langsamen Kilometer und Auslauf. Die ersten 5km entlang der Isar lief ich in 24:47min und den langsamen Kilometer in 5:40min/km and dann die zweiten 5km in 22:36 min, verrückt.

Das habe ich allerdings erst zu Hause bei Sporttracks auswerten können, da der Garmin mal kurzfristig gar nichts mehr gemessen hat. Bereits das Einloggen dauerte von 18:33 Uhr bis 18:45 Uhr. Es war zwar dunkel draußen, aber es hat nicht geregnet.

Und dicke Wolken können doch ein GPS-Signal nicht so abschirmen, oder? Na egal. Jedenfalls genau so ein Training habe ich mir vorgestellt. Schön ausgepowert und fertig anschließend. Und meine bessere Hälfte hat mir sogar noch Waden und Schenkel mit Sportgel massiert, was will man mehr?

Stdiut von MgMBlog @ 19.07.11 - 19:45:38

Garmin 3.70

Gestern hat mich das lange Warten auf das Login noch dazu gebracht, mein Garmin 310XT upzudaten. Hat gut gekappt, leider musste ich aber sämtliche Einstellungen wieder vornehmen. Ich dachte, das wäre in Zukunft nicht mehr so umständlich. Mal kucken, ob das Login jetzt wieder schneller geht. Ob ich

die neuen Funktionen dann wirklich brauche, mal sehen. Sonnenaufgang und Sonnenuntergang erschließen sich mir noch nicht so ganz??? :??:
Was tragen eigentlich die Schwimmer bei den Einstellungen ein? Kilometer pro Liter Wasser gibt es ja nicht. Das wäre meine Messeinheit, kurz vor dem Absaufen. U-(
Stdiut von MgMBlog @ 20.07.11 - 13:27:11

Tempohärte

Heute den Garmin mit Software 3.70 eingeweiht. Habe diese Woche noch einmal was für die Tempohärte gemacht, aber diesmal nicht 2x5km sondern 10km durchgehend in 48:54 Min. Das Wetter hatte mit mir ein Einsehen: immer wenn ich draußen unterwegs war, hat es nicht geregnet. Heute war ein herrlicher freier Tag.
Stdiut von MgMBlog @ 22.07.11 - 18:19:25

Atmosphäre und Laufen

An manchen Tagen kann es noch so gut laufen, man kann es einfach nicht richtig genießen. Erst die Tragödie in Norwegen und jetzt musste ich auch noch bei der BBC lesen, dass Amy es nicht geschafft hat, von ihren Drogen loszukommen.
Mein Lauf führte mich heute zuerst zur Isar, dann nördlich bis zum Deutschen Museum, wo ich die Isar überquerte und durch den Innenhof des Museums kurvte, um dann südlich abzubiegen. Von dort ging es unter der Fraunhofer Strasse durch und am Flaucher vorbei, dann an den dortigen Kliniken bis zum Ende des Tierparks und wieder gewendet. Habe mir den Lauf wieder in 5km-Etappen eingeteilt, das kommt einem dann immer kürzer vor und ist weniger anstrengend.
Eigentlich wollte ich ja nur so einen Schnitt um die 5:30 Min/km laufen, aber es waren dann Runde 1 in 25:45 min / Runde 2 in 26:20 min und Runde 3 in 26:54 min. Natürlich ohne Gehpausen, habe also mein Bestes gegeben, mich zu bremsen. Die 15km waren dann in 01:19 Stunden abgewickelt. Morgen mache ich dann aber wirklich ganz langsam.

Mein Garmin scheint seit dem Update auch wieder besser zu funktionieren. Jedenfalls kommt es mir so vor.
Also es läuft!
Stdiut von MgMBlog @ 23.07.11 - 19:04:35

Und langsam

Der Lauf am Sonntag war langsam geplant und sollte drei Stunden dauern. Da mir aber alles schon ziemlich weh tat, bin ich nur 2:40h gelaufen. Es ging in Richtung Grünwald, über die Hügel, dann über die Brücke auf die Brückenwirt-Seite, den Flößern entgegen, Wende und rauf auf den Damm beim EON Werk und dann retour Richtung Norden und die Flößer überholt.
Es hat ein paarmal genieselt, aber richtiger Regen war das nicht. Dafür war es immer recht frisch, wenn dunkle Wolken aufzogen. Hatte mich deshalb für dünne Jacke statt für Weste entschieden. War auch eine gute Wahl.
Letzte Woche habe ich es immerhin auf 64,59 Trainingskilometer gebracht und es waren ziemlich harte Einheiten. Gesamte Trainingsdauer letzte Woche 5:56:13h.
Das kann man doch schon mal Hobby nennen, oder?
Stdiut von MgMBlog @ 25.07.11 - 18:22:34

Orthopäde, Laufschuhe usw

Heute Nachmittag ging es mit U-Bahn und Tram 23 zum Münchner Tor, wo sich der Laufladen meiner Wahl befindet und ich mich mit einer Freundin traf. In der Laufbar erstand ich ein Paar Laufschuhe. Es war Liebe auf den ersten Blick: Brooks Trace 10 - allerdings der Preis ist auch stolz von den Teilen, immerhin 149,00 Euro. Jetzt haben meine Füße wieder eine sanfte Stütze. Conny kaufte sich ein Oberteil, sie wollte andere Körperteile stützen, beim laufen. ;D
Stdiut von MgMBlog @ 26.07.11 - 17:42:56

Handwerker und Lauf

Heute habe ich den Vormittag mit dem Handwerker verbracht. Der Arme musste unsere Duschwand anbringen. Kein leichter Job bei schiefen Wänden und einer schrägen Wanne. Er hat es jedenfalls geschafft.
Am Nachmittag ging es dann endlich auf die Laufrunde mit den neuen Schuhen. 10km in 51:43 Minuten mit einer schnelleren zweiten Hälfte. Irgendwie lief es aber heute körperlich nicht so ganz rund. Die Schuhe waren aber super.
Abends ging es dann zur Belohnung noch zum Eisladen um die Ecke : zwei Kugeln Eis, Pistazie und Bitterschokolade, lecker.
Muss ich wohl gleich wieder 2km mehr laufen, wegen dem Speck. :))
Stdiut von MgMBlog @ 27.07.11 - 19:48:46

Hügelauf den Hügellauf

Okay, Hügel ist übertrieben. Aber die Hochleite ab Untergiesing geht schon immer stetig bergan, wessenthalben ich die erste Hälfte sehr ruhig anging. Bei der Wende an der Eisenbahnbrücke, hatte ich gerade mal einen Schnitt von 5:53 min/km auf der Garmin. Die Rückhälfte ab 5,5km habe ich dann gesteigert, so dass ich die 10km noch in 55:29 Min beendet habe. Das entspricht so ungefähr einer Marathonendzeit von 4 Stunden.
Stdiut von MgMBlog @ 29.07.11 - 18:40:26

SadoMaso-Training

Ich habe festgestellt, dass das Training auch sadomasochistische Züge annehmen kann. Wobei man so ohne Trainer sowohl die Person ist die quält, als auch die, die sich quälen lässt.
Ich bin heute die Hochleite entlang wie gestern, nur ambitionierter und dann über die Brücke, auf der anderen Seite am Tennisplatz vorbei Richtung Pullach, dort den Berg runter und dann Richtung Norden, also Heimat, mit einer Schleife am Baldeplatz vorbei, da ich unbedingt 15km voll haben wollte. Es waren dann die 15km in etwa 77 Minuten.
Die ersten 5km waren die schwersten, in 26:15 min. Dann die zweiten 5km in

24:54 min und die letzten dann nochmal in 25:30 min. Ich sag ja, die Hochleite hat es in sich, so bergan. Aber da ich gerade den Friedensmarathon in Augsburg vorbereite und der auch nicht ganz flach ist, kann es ja nicht schaden.
Morgen noch einmal ein langes Läufchen, zu dem ich mich mit "Joggah" verabredet habe (bin schon gespannt und freu mich). Und dann wird schon wieder getapert.
Stdiut von MgMBlog @ 30.07.11 - 18:33:08

Höhlenforscher

Gestern ging es mit @Joggah auf den langen Lauf. Es ging erst ein Stück ebenerdig bis kurz hinter die Marienklause, dann ab ins Gelände. Zuerst eine steile Treppe rauf, die Andreas laufend erarbeitete, während ich die Stufen gehend nahm. Oben schwitzten wir beide schon tüchtig. Dann ging es soweit oben immer geradeaus, bis wir durch einen natürlichen Tunnel liefen, weshalb der Pfad bei @joggah Höhlentrail heisst. Von dort liefen wir nach der Großhesseloher geradeaus wieder in den Wald und stießen am Ende des nächsten Naturpfades auf die Hügel vor Grünwald. Als auch diese 2km vorbei waren, verschnauften wir erst einmal und liefen über die Brücke und wendeten bei dem EON Wasserkraftwerk auf den Damm in der Isar. Jetzt ging es wieder Richtung Norden und nach dem Erreichen des ersten Hauses auf dem Damm schlugen wir uns wieder ins Gebüsch und auf ging es durch weichen matschigen Boden und durch Pfützen bis zurück zur Großhesseloher Brücke. Dann blieben wir zwar flach, aber immer schön im Grünen. Ich hatte dann nach einer weiteren nördlichen Verlängerung genug getan. Ich verabschiedete mich an der Brudermühlbrücke von Andreas und lief heim.
Immerhin 28km. Er wollte noch die 35km voll machen.
Das war ein schöner Naturlauf, so weit es ging eben Trail. Hoffentlich führen dann die Berichte über Trails nicht dazu, dass man auf diesen Touren nicht mehr so schön ungestört ist, wie eben jetzt noch. Wäre irgendwie schade.
Stdiut von MgMBlog @ 01.08.11 - 20:21:41

Der mit dem Wanst läuft

Ich bin heute doch relativ früh zu Hause gewesen und habe beschlossen, nach dem Essen noch einen ganz kurzen Lauf zu machen. Die Idee war gut, der Lauf war allerdings etwa anstrengend. Ich dachte mir platzt der Bauch, denn leider hatte ich zum Abendessen rohe Zwiebeln gefuttert. Also hieß es den geblähten Bauch durch die Gegend zu tragen, nicht zu oft zu rülpsen und noch einigermaßen normal auszusehen, denn es liefen heute einige Leute die Isar entlang.

Letztendlich bin ich aber mit dem Lauf zufrieden, immerhin 5,88km gesamt in 30 Minuten. Das ist schon okay in der Tapering-Woche.

Jetzt bin ich geduscht vor dem Blog und dem Magen geht es schon wieder besser. Aber ich sollte mir merken, keine rohen Zwiebeln vor einem Lauf.

Stdiut von MgMBlog @ 03.08.11 - 20:24:05

Lauf mit Stinkefinger

Nein, ich doch nicht, mir wurde heute auf dem ersten Kilometer auf dem Weg zur Isar von einem Fahrrad schiebenden Mann der Stinkefinger gezeigt. Er musste zwar anhalten und sich an seinem Rad abstützen, um es zu tun, aber er hat dann tatsächlich den Finger erhoben, ohne umzufallen. Warum, wird zwar auf ewig sein Geheimnis bleiben ...

Ich bin heute trotz rabenschwarzer Wolken losgelaufen und es hat tatsächlich gehalten und nicht geregnet. Geschwitzt habe ich ganz schön, denn die Luft war feucht und es gab hunderte von Kleinstfliegen, die eben nicht zu sehen waren. Somit habe ich sicher ein paar geschluckt und eine musste ich mit dem Wattestäbchen aus dem Auge operieren. Bäh. |-|

Der Lauf war aber schön, gesamt so in etwa 5,5km in 30 Minuten. Es waren deutlich weniger Läufer unterwegs, wahrscheinlich wegen der bedrohlichen Wolken.

Stdiut von MgMBlog @ 05.08.11 - 20:39:08

Laufgruppe

Die Laufgruppe ist aus einem 2-wöchigen Faulenzurlaub zurück. Also mussten die Beiden heute gleich wieder leiden und wir absolvierten gemeinsame 6km. Sehr gut, trotz wenig Training nicht geschwächelt und

durchgehalten. Christian ist am Schluss sogar vorgelaufen, aber das lag wohl eher daran, dass er nicht geredet hat, im Gegensatz zu uns und somit Luft gespart hat. Ich bin heute auch nur hin und zurück getrabt, denn morgen geht es zum Marathon nach Augsburg. Die Hitze soll ja morgen verschwunden sein, aber das Wasser soll wieder von oben fallen. Brrrr.
Stdiut von MgMBlog @ 06.08.11 - 20:18:12

Friedensmarathon Augsburg - Der Lauf

Es ging ein wenig nach 09:00 Uhr los, aber wirklich marginal oder meine GPS-Uhr ging falsch, keine Ahnung. Gemäß des Mottos Friedensmarathon gab es keinen Startschuss, sondern eine Tröte oder so. Da es auf dem Weg zum Start noch ein wenig getröpfelt hatte, hatte ich meine Mütze auf und ein Tuch um den Hals. Aber es war deutlich wärmer als angesagt, somit wanderte die Mütze in meine Hose, wodurch ich optisch einen dicken Hintern hatte und das Tuch ans Handgelenk, um den Schweiß abzuwischen. Die erste Stunde verschonte uns der Regen und danach war er eher Wohltat, als zu stören. Der Kurs ging über zwei Runden.

Die erste Runde war vom Gefühl her völlig okay, wobei ich beim Durchlaufen der Innenstadt und des Schlosses schon mit Grausen daran dachte, dass ich hier ein zweites Mal lang muss. Es ging ziemlich bergan, was man bei dem Höhenprofil nicht so sieht, aber beim Laufen sehr merkt. Außerdem ging es in der Innenstadt über weite Teile über Kopfsteinpflaster, was es auch nicht unbedingt leichter machte für die Beinmuskeln, besonders die Waden zuckten ordentlich.

Bei der Versorgung gab es Wasser oder ISO, finde ich fast besser, als sich entscheiden zu müssen, was man denn jetzt mag. Es wurden aber auch Bananen gereicht. Wäre aber eh nix für mich.

Beim Passieren der HM-Strecke zeigte meine Uhr wieder einmal 01:52h an. Mir ging es zwar bis dahin gut, trotzdem wollte ich dann Tempo rausnehmen, denn ich wusste ja, die zweite Runde würde mir schwerer fallen. Diesmal mussten wir auch nicht wie am Anfang steil nach oben, sondern erst einmal relativ flach durch den Park. Dann ging es wieder stadtauswärts, in Richtung Wellenburg, diesmal allerdings etwas weiter raus und dann gab es noch einen extra Schlenker in die Isegrimmstraße. Das machte es aber durchaus

abwechslungsreicher und war mir auch wegen des Asphalts wesentlich lieber, als das Endstück nach Kilometer 30.
Von dort begann das Elend. Unter einer Brücke durch, die andere Seite wieder rauf, dann wieder Innenstadt, wo uns zwar Percussion anfeuerte, was mich immer total antörnt und motiviert, aber ich wusste, ab jetzt tut es weh. Immerhin habe ich auf dem Streckenplan gesehen, dass die Augsburger es selbst Klinkerberg nennen, auch wenn es kein Berg ist. Durch den Regen war der Asphalt jetzt nass und noch schwerer zu laufen und die Kraft war ordentlich gefragt.
Übrigens musste man eh die ganze Strecke über ziemlich aufmerksam sein, denn es ging oft die Tram-Gleise entlang, da sollte man auch nicht unbedingt reintreten. Besonders schwer fand ich es zwischen Kilometer 33 und 37. Danach ging es endlich wieder auf normalen Belag und es waren nur noch knapp 5 Kilometer bis ins Ziel. Die Streckenführung habe ich eh nicht ganz kapiert, aber es kamen einem immer mal Läufer entgegen, mal die Schnellen, mal die Verfolger. Und ich habe tatsächlich an der Strecke eine Kollegin aus dem neuen Job entdeckt, so ein Zufall. Jetzt hieß es nur noch Zähne zusammenbeißen und durchkämpfen. Immerhin galt es die 03:58h vom Februar zu unterbieten.
Am Anfang des Laufes ging es irgendwie schwer mit der Atmung, jetzt bekam ich gut Luft, aber die Beine waren schwer. Es ging aber gut bis Kilometer 41. Der Regen hatte etwas zugenommen, aber es war immer noch gut zu ertragen. Nur die Startnummer hatte sich inzwischen aufgelöst. War aber auch kein gutes Material.
Plötzlich fingen meine Waden an zu zucken, es war noch kein Krampf, aber eine Warnung, dass ich entweder am Anfang zu schnell war oder das Kopfsteinpflaster rächte sich. Egal, ich ging kurz und dann ging es langsam weiter. Schon tauchte das Stadion auf, noch 200m bis ins Ziel. Und bei 03:53:11h blieb die Uhr stehen. Kein Rekord für viele, aber für mich wieder unter 4 Stunden und Jahresbestzeit. :>>
Der Bericht über das Drumherum folgt.
Stdiut von MgMBlog @ 07.08.11 - 19:11:41

Friedensmarathon Augsburg - Das Ereignis

Mit der Bahn ging es nach Augsburg. Trocken in München und kaum fuhr ich in Augsburg ein, trommelte der Regen an die Scheiben. So ein Mist, dachte ich noch, ausgerechnet heute stimmt der Wetterbericht. Am Bahnhof angekommen, mit dem Schirm in der Hand, ging ich auf die Suche nach der Tram-Haltestelle. Denn freie Fahrt zum Friedensmarathon hieß es in den Informationen. Sogar das „wie“ war in der Anfahrt erklärt: von Augsburg Hbf mit der Straßenbahn Linie 3, 4 oder 6 bis Königsplatz, von dort weiter mit der Linie 1. Nur

blöd wenn man als Ortsfremder nicht weiß, wo der Königsplatz ist. Denn wer auf eine der ersten Trams gewartet hätte, hätte die 1 ab dort verpasst. Da mein Zeitfenster relativ eng war, war ich froh, dass ich von selbst auf die Idee kam bis dort vorzutrotten. An der Haltestelle standen schon mehr Läufer, auch einige Ultras unter ihnen. Vielleicht kann man den Takt der Tram morgens zur Anreise ja doch etwas verkürzen.

Ab Tram ging es in Richtung Startnummernausgabe, wo ich einen Mika-Chip auf dem Weg fand und ihn in der Halle abgab. Meine Startnummer erhielt ich zügig, die Umkleiden waren leer, sogar die Toiletten waren ausreichend. Es gab welche in der Halle und dann noch einmal oberhalb des Stadions, wo auch die Gepäckaufbewahrung war. Ich hoffe irgendwie, dass ich der Ideengeber dafür war. Denn ich hatte nach Gepäckaufbewahrung angefragt, da nur so eine grüne Anreise möglich war. Wer lässt schon gern seine Sachen 4 Stunden unbeaufsichtigt. Und der Veranstalter hatte mir das bestätigt. Okay, kann natürlich auch längst geplant gewesen sein :DD

Das Einzige, was ich länger suchen musste, war das Auto an dem man seine gebrauchten Laufschuhe für Läufer in Kenia abgeben konnte. Der Startbereich und der Start waren gut gewählt, es gab keine Staus in der Anlaufphase, denn die Strasse war breit genug. Unterwegs fehlten die Zuschauer, aber bei dem Wetter auch kein Wunder. Und mir persönlich ist es so ruhig auch lieber. Immerhin gab es an der Strecke Percussion und da stehe ich drauf. Die Trommeln beleben Körper und Geist. Alle helfenden Hände waren wirklich zu jedem Zeitpunkt hilfsbereit, charmant und nett. Die Helfer waren wirklich motiviert, erstaunlich wie freundlich alle waren. Da hat man jeden Becher Flüssigkeit noch viel dankbarer entgegen genommen.

Nach dem Lauf im Ziel gab es mein geliebtes Erdinger Alkoholfrei. Ich gebe es zu, ich habe zwei Becher getrunken. :oops: Aber auch sonst gab es ein

tolles Angebot. Ich schlug meine Zähne in frische Melone, aufgeschnitten. Es gab Gebäck, Obst, Getränke. Wow, Hut ab, da habe ich die Settele-Party, die alle bekamen, die bereits Samstag ihre Nummer holten doch glatt verdrängt. Dann noch ein kleiner Wermutstropfen in der Halle. Das Duschwasser war kalt. Also nur etwas für ganze Kerle.
Was soll ich sagen, der 1. Augsburger Friedensmarathon war wohl ein voller Erfolg. Mir hat es sehr gut gefallen. Die Strecke ist schwer, aber das ist ja kein Makel. Damit lockt man eben keine Profis nach Ausgburg, umso besser, dann haben wir Amateure das Feld für uns. Bis auf die zwei kleinen Mängel, die man sicher verbessern kann und wird, kann ich diesen Lauf nur weiter empfehlen. Anspruchsvoll und liebevoll würde ich mal als die zwei Hauptattribute nennen, die mir im Gedächtnis bleiben werden. DANKE
Stdiut von MgMBlog @ 08.08.11 - 20:10:54

Friedensmarathon Augsburg - Am Rande erwähnt

...oder was einen Läufer nicht erschrecken darf:
1. Wenn einem auf dem Herrenklo eine Frau aus der verschlossenen Kabine entgegen kommt, nicht erschrecken. Das hat nichts mit dem dritten Geschlecht zu tun. Nur die Plätze bei den Damen sind technisch gesehen meist zahlenmäßig unterlegen.
2. Die Startnummer ist ca. 5x gerissen, bevor ich sie einfach in meinen Gürtel verstaut habe. Der Regen und die doch sehr einfache Ausführung machten es schwer, sie bis zum Schluss gut sichtbar auf der Brust zu tragen. Also, falls Geld übrig sein sollte, wechselt den Hersteller (bitte). Oder hofft einfach auf besseres Wetter.
3. Beim Becherschnappen geht ja immer was daneben. Aber diesmal ging es bei mir tatsächlich ins Auge. Ich habe mir Iso so ungeschickt ins Gesicht gekippt, dass ein ganzer Schwall in meinem Auge landete. Hat ganz schön gebrannt.
4. Die drückende Blase. Ich habe sie diesmal unterdrückt und mich gezwungen durchzulaufen. Und siehe da, ich musste auch hinterher nicht aufs Klo. Was gaukelt uns der Körper da nur vor? Hat sicher 2 Minuten gebracht. :yes:
5. Kaltes Wasser zum Duschen. Hier zählt mal nicht die Größe, sondern der Mut. :>>

6. Scheiße aussehen. Sind wir nicht alle ein bisschen Läufer? Und am Schluss zählt die Leistung, in den Ergebnislisten gibt es keine Fotos.
To be continued - wenn ich wieder mal Lust habe.
Stdiut von MgMBlog @ 09.08.11 - 18:17:15

Schuhe, Schuhe

Ich bin immer noch am Überlegen, ob ich mir diese FiveFingers-Schuhe holen soll. Nachdem ich ja nun endlich wieder Zeit zum Lesen habe und mir das "Born to Run" reinziehe, juckt es mich sozusagen in den Zehenspitzen. Erfahrungen mit diesen Barfuss-Schuhen nützen einem ja leider auch nicht wirklich was, denn jeder läuft anders. Mir gefallen die Nike Free zum Beispiel gar nicht, andere haben damit gute Erfahrungen. Grübel, Grübel, Grübel ....
Stdiut von MgMBlog @ 10.08.11 - 21:05:28

Qual der Wahl

Mann oh Mann Ihr verwirrt mich. Jetzt gibt es Vibram Fivefingers, Nimbletoes Speedster, Merell Trail Glove. Wie soll ich mich denn da entscheiden? Und die Empfehlungen kommen von Menschen, deren Rat ich schätze.
Stdiut von MgMBlog @ 11.08.11 - 20:39:17

Das erste Mal - Barfuss

Da hatte ich sie nun erstanden, die neuen Barfuss-Schuhe und dann wollte ich sie auch gleich probieren. Da von mehreren Seiten gewarnt, erst einmal auf einer kurzen Runde. Also, zog ich mir die Schuhe an und los ging es.
Am Anfang dachte ich, ich komme überhaupt nicht von der Stelle. Der erste Kilometer zog sich schwerfällig dahin und ich wusste gar nicht, wie ich denn nun meine Füße aufsetzen soll. Dann hatte ich den Trick langsam raus. Man hebt die Füße nicht mehr so hoch und arbeitet mehr aus dem Unterkörper, aber auch mit Armen und Schultern. Ich sah bestimmt aus, wie ein Taps-Bär,

aber das war mir egal. Der Läufer mit den FiveFingers, den ich ab und an treffe, läuft auch so einen Watschelgang. Sieht lustig aus. Jedenfalls war mir mein Aussehen so langsam egal und es machte total Spaß, weswegen ich mich entschloss einfach weiter zu laufen.
Bei 5km machte ich aber die Wende, denn ich wollte am Sonntag auch nicht gerade den Riesenmuskelkater haben. Am Schluss standen 10km in 55 Minuten auf der Uhr und die zweite Hälfte war deutlich schneller. Ich hatte das Gefühl, ich muss aktiver atmen bei dem Laufstil, aber man scheint danach nicht so erschöpft zu sein. So, als ob man das lange durchhalten könnte.
War ein schöner Lauf. Das Einzige, was ich nicht beachtet hatte, eigentlich läuft man in den Schuhen barfuss. Aber das muss ich erst einmal austesten. Für den Anfang bin ich mit der Neuanschaffung jedenfalls zufrieden. Strengt mich nicht so an, wie der Nike Free. Und wie sah es nun mit dem Muskelkater am Sonntag aus?
Stdiut von MgMBlog @ 14.08.11 - 17:55:59

Barfuss - Der Tag danach

Am Sonntag wollte ich keine ganz lange Runde drehen, aber so 15km sollten es werden. Auf meine Beine war ich sehr gespannt. Aber es war wie beim Zahnarzt, Mutti ich habe gar keinen Muskelkater. :D
Also, lief ich in Richtung Isar, dann südlich am Tierpark vorbei und wollte unbedingt die Höhle finden, die mir Andreas (@joggah) gezeigt hatte. Deswegen ging es auf den Trail-Weg. Zuerst lief ich mal eine falsche Treppe rauf (und runter) vor lauter Aufregung, aber dann kam die richtige Holztreppe, die ich wieder gehend erklomm und oben trotzdem außer Atem war. Dann ging es weiter geradeaus, den schlängelnden, schmalen Weg entlang des Abgrunds. Also, da sollte man nicht besoffen laufen. :>> Geht ganz schön steil runter.
Dann endlich nach 5,45km hatte ich die Höhle passiert. Sieht irgendwie toll aus und ist total kühl, wenn man da durchläuft. Gerade gestern, wo es mal einen Tag Sommer gab.
Nachdem der erste Part beendet war, lief ich noch geradeaus in den nächsten Trail-Abschnitt und bis zu der Teerstrasse, die oben von Grünwald

kommt und dann dort runter. Von jetzt ab blieb ich auf dem bequemen Weg, denn ich war schon ordentlich außer Puste, durch das hügelige Gelände. Und Frühstück hatte ich auch noch nicht im Bauch und der letzte Lauf lag ja auch erst 17 Stunden zurück und so früh laufe ich sonst eigentlich nicht, da ich Langschläfer bin.
Trotzdem kamen ordentlich Zeiten zusammen, für das anspruchsvolle Gelände. Die 5km Abschnitte in 28:04 / 28:54 und 27:12 min. Wie gesagt, es hat nix weh getan und ich habe versucht den Laufstil vom Vortag ein wenig beizubehalten, was nicht ganz gelang. Aber Rom wurde ja auch nicht an einem Tag erbaut.
Die Woche schlägt damit mit 25km zu Buche, aber das steigert sich schon wieder.
Stdiut von MgMBlog @ 15.08.11 - 09:54:59

Heute wirklich Barfuss

Heute war ich wirklich barfuss unterwegs im Barfuß-Schuh. Hatte ja Angst, ich scheuere mir etwas auf. Andererseits kann etwas Abhärtung ja auch nicht schaden. Hatte am linken oberen Zeh eine ganz kleine Schürfwunde nach den 10km, aber sonst alles i.O. Das wird schon noch.
Das Tempo war heute angenehm, hätte aber ruhig langsamer sein können. Na egal. An der Isar waren heute Abend ganz viele Läufer unterwegs.
Habe heute explizit jedem auf die Füsse gestarrt. Und siehe da, fast am Schluss ist eine Läuferin in den FiveFingers vor mit hergeschlappt. Also, auch wenn das Barfusslaufen mal wieder ein Hype ist, mir gefällt das. Und wie mein Ex-Trainer Herr Ruscher mal sagte, wer immer das Gleiche macht, wird nie etwas Anderes erreichen.
Stdiut von MgMBlog @ 16.08.11 - 20:09:44

Abendlauf in Windeseile

Heute war ich relativ früh zu Hause und dann ging es auch gleich auf die Laufrunde. Schon um 18:52 Uhr ging es los.
Heute bin ich mal einen Rundkurs gelaufen, erst Richtung Norden, dann über

die Brudermühlbrücke, entlang des Flauchers, dann Tierpark und dann über die Isar und zurück. Da es gut lief, habe ich einfach draufgehalten. Am Ende musste ich aber Zoll zahlen, somit war die erste Runde wesentlich schneller. 5km in 24:01 min und die zweiten 5km in 24:50min, die 10km somit in 49:01 min und Gesamt so 11,27km. Habe es am Schluss mal so richtig langsam austrudeln lassen.

Zur Belohnung gab es eine kalorienreiche Dr. Pepper-Cola. Das war erfrischend. Heute Abend werde ich noch durchs kalte Wasser waten und dann ab in die Falle.

Stdiut von MgMBlog @ 18.08.11 - 20:20:36

Erst Schmerz dann Lust

Heute Morgen um 09:30 Uhr bin ich aufgestanden, um noch einigermaßen pünktlich zur Laufgruppe zu kommen. Da ich heute eh Laufzeitungen abliefern wollte, bin ich gleich zur Monika gelaufen und habe sie bei sich zu Hause abgeholt. Ich hatte mir gegen die Sonne ein luftiges Laufcap aufgesetzt. Allerdings waren die 1,85km zur Monika die Hölle. Ich habe geschwitzt, mir tat alles weh, die Luft war dampfig und im Treppenhaus hat es mir derart abartig den Schweiß rausgehauen, dass ich die Mütze gleich wieder abgesetzt habe und sie mir in die Hose gestopft habe. Dadurch hatte ich halt wieder einen dicken Hintern, aber besser als schwitzen.

Dann ging es mit der halben Laufgruppe auf Tour. Unser Christian fehlte entschuldigt. Wir beiden liefen heute mal links der Isar in Richtung Flaucher und zurück. Obwohl Monika gebeichtet hatte, dass sie die ganze Woche geschwänzt hat, lief es hervorragend und wir absolvierten genau die vorgenommenen 6km am Stück und das schneller als letzte Woche. Glückwunsch. Die Motivation kommt schon wieder.

Nach einem kleinen Ratsch lief ich wieder los. Mir ging es nach dem erholsamen langsamen Lauf schon wieder viel besser und so beschloss ich ein paar 500m-Sprints zu machen oder besser Tempoläufe. Mindestens 3 hatte ich mir vorgenommen, aber 6 sind es dann geworden. Der erste war in etwa 2:15min fertig, ich dachte, ich kann mehr. Also, habe ich noch ein paar Wiederholungen gemacht und siehe da, der 5. Sprint war der schnellste. Die 500m in glatt 2 Minuten. Leider war dann der 6. Sprint erst in 2:01 min fertig,

also hörte ich an dem Punkt auf und trabte nach Hause. An der Brudermühlbrücke dachte ich noch, super, 12km hast Du jetzt geschafft. Als ich aber vor der Haustür stand dachte, komisch nur 50 Meter mehr? Man sollte halt wissen, welches Feld man anschaut :oops: Es war 12 Uhr und gelaufen bin ich 14,79km. Also viel mehr als ich dachte. Und wieder mal der Beweis, langsam laufen macht schnell.
Stdiut von MgMBlog @ 20.08.11 - 12:17:24

Isar voll - ich alle

Nach einem Samstag, der bis Sonntag Früh dauerte, hing ich den ganzen Tag in den Seilen und war zu nix zu gebrauchen. Ich freute mich sogar über eine Absage zum gemeinsamen Lauf. Gegen 18 Uhr gewann aber endlich mein schlechtes Gewissen. Okay, ehe ich dann endlich loskam, war es schon fast 19:20 Uhr. Der Himmel war dunkel über München, es war schwül zum Umfallen. Also wollte ich mir maximal 5km gönnen.
Der Schweiß lief mir schon nach 10 Metern herunter und das nicht nur von der Stirn. Bereits von weitem konnte ich ganze Rauchschwaden über der Isar aufsteigen sehen. Es wurde gegrillt.
Gepaart mit der dunklen Umgebung, der Hitze, den Rauchschwaden und verstärkt durch meine getönte Laufbrille gegen Ungeziefer, sah es aus wie auf einem Schlachtfeld, wie zur Zeit so oft in der arabischen Welt zu sehen. Die Kampfstimmung an der Isar war aber eher ausgelassen. Nur ich kam mir wie ein Verurteilter vor, der Außenseiter, der lieber läuft als feiert. An der Flaucherbrücke war die Stimmung besonders ausgelassen, aber kein Wunder, da feierten ja auch keine Deutschen, sondern Lateinamerikaner, ich schätze mal Mexiko.
Immerhin hatte ich da schon beschlossen, dann doch wenigstens die 10km voll zu machen. Somit stehen für letzte Woche magere 46km auf dem Report. Aber heute ist nicht alle Tage, ich laufe wieder, keine Frage. :zz:
Stdiut von MgMBlog @ 22.08.11 - 19:47:00

Hitzewallungen

Dienstag = Lauftag, so sagte es der Plan. Da ich gestern allein zu Hause war, beschloss ich meine Runde etwas zu verlängern. Ich streifte also dünne Socken über meine Füße und dann die Merell Trail-Schuhe über die Socken. Ich habe immer noch ein paar wunde Stellen an den Füssen, also doch wieder barfuss auf Socken :roll:

Ich lief zur Isar, dann Richtung Norden und wendete an der Reichenbachbrücke die Uferseite und lief Richtung Süden. So ganz erholt war ich vom Wochenende noch nicht, aber so langsam geht es wieder. Die nächste Isar-Überquerung machte ich dann hinter dem Tierpark bei der Maria Einsiedel-Klause. Meinen Waden ging es ziemlich gut. Ich merkte es zwar deutlich, wenn ich mal auf einen Stein trat, aber das gehört dazu, denke ich.

Alles in allem hatte ich dann 14km geschafft, in einem Schnitt von 05:31 min/km und (fast) barfuss. Ich beguckte wieder einmal die Füße der anderen Läufer und musste feststellen, so groß ist jetzt die Modewelle des "Natural running" jetzt noch nicht rumgeschwappt. Mal sehen wann das denn so richtig losgeht. Es kommen im Herbst ja noch viele Modelle auf den Markt.

Stdiut von MgMBlog @ 24.08.11 - 19:51:29

Donnerstag - erst lang dann kurz

Bin heute Abend ambitioniert gestartet und war beim Blick auf die Uhr mit einem Schnitt von 4:50 min/km sehr zufrieden. Aber das Ganze über 10km durchzuziehen, dafür war es mir einfach zu heiß.

Also, entschied ich mich um und stoppte schon mal bei 3km die Zwischenzeit 14:16min. Jetzt trabte ich weiter entlang des Tierparks, an den Gerüchen vorbei. Auf dieser Höhe riecht es immer sehr nach Ziege. Nach einer kurzen Pause hatte ich mein Programm im Kopf fertig geändert und lief jetzt noch 3x 1000m in 4:31 min/ 4:31 min und 4:38 min.

Dann trabte ich gemütlich weg von der Isar nach Hause. 10,00km waren für den heutigen Abend geschafft. Da gönne ich mir doch ein Glas Rotwein drauf. :yes:

Stdiut von MgMBlog @ 25.08.11 - 20:19:32

Ein shirt weniger - ein Lauf mehr

Gestern habe ich mich von meinem Kopenhagen-Shirt getrennt. Dafür habe ich hoffentlich Lauf-Monikas Lust am Laufen neu entfacht. Da mir der Lauf in Dänemark sehr gefallen hat, mache ich ihn evtl. nächstes Jahr noch einmal, dann habe ich wieder ein Kopenhagen-Shirt. Gestern gab es zwar einen Temperatursturz, aber so kalt war es ja nun auch wieder nicht. Monika hat sich das Shirt einfach über ihre Montur drübergezogen, was mir schon leichte Schweißausbrüche verursacht hat.

Wir starteten wieder an unseren Lieblingsbäumen am Kiosk an der Isar. Von dort ging es Richtung Tierpark. Das Wetter war okay, es hat mal ganz wenig geregnet, aber gegen die Hitze der letzten Tage, ziehe ich dieses Wetter vor. Unterwegs wurden wir heute relativ häufig gegrüßt, meistens von den Männern bei Pärchen. Wirklich nett. Wahrscheinlich hat das Hellblau meines Augsburg-Shirts so freundlich gefunkelt.

Nach 5 Kilometern hat Monika heute eine Zwischenzeit genommen, das war nach 48 Minuten. Ihr Plan ist es im nächsten Jahr 5km in 40 Minuten zu knacken. Wir arbeiten daran ;D

Wir klatschten uns nach dem Lauf ab und ich lief los und machte die 10km voll. Habe noch einen 500m Sprint eingeschoben, aber da ich dringend aufs Örtchen musste, lief ich wohl etwas verkniffen. Für die 500m habe ich 2:04 Minuten gebraucht. Dann ging es schleunigst nach Hause, heute wirklich sehr erleichternd. :-/

Stdiut von MgMBlog @ 28.08.11 - 11:43:23

Hartes Training

Habe mir heute ein letztes hartes Training vor Altötting gegönnt. Es war wie immer, ich bin losgelaufen und habe gemerkt, da geht was, mein Körper will rennen. Also, ging es mit einigermaßen Speed auf die Runde. Gut, ich muss zugeben, ich bin die flache Strecke links der Isar gelaufen, nicht die Hügel Richtung Grünwald.

Ab Brudermühlbrücke bis hinter zum Brückenwirt und noch weiter zum EON Wasserkraftwerk, dort auf den Damm und dann beim ersten Haus wieder runter vom Damm und einfach Richtung Heimat. Waren genau 25km, die Runde. Nach dem Halbmarathon in 01:47:22h habe ich aber Tempo rausgenommen. Musste nur noch einmal beschleunigen, weil ich den einen Läufer vor mir unbedingt von vorne sehen wollte. :oops:

Die 5km-Runden waren 27:08min / 26:51min / 26:21min / 25:41min und die letzte dann 27:30min. Wenn nur alle Läufe so schön wären. Das Wetter ist jetzt nicht wirklich eine Abkühlung, strahlender Sonnenschein, fröhliche Menschen und voll beladene Flöße. Auch ein paar Fahrradfahrer konnte ich abhängen. Okay, es waren alte Leute und Menschen mit Kindern im Anhänger, aber immerhin. Und jetzt kommt die Woche des Turbo-Tapering, richtig, gar nichts tun.:>>
Stdiut von MgMBlog @ 28.08.11 - 17:11:23

Alles Krampf

Alles Krampf oder Kampf. Am Sonntag Abend habe ich einen mittelschweren Krampf in der linken Wade erlitten. Das kommt davon, wenn man nicht gleich ausreichend trinkt nach einem Lauf.
Die Woche wollte ich ja eh tapern und heute am Dienstag kann ich fast schon wieder normal laufen. Das tut aber auch immer weh, so ein Sch>:XX
Stdiut von MgMBlog @ 30.08.11 - 09:03:47

Wadentest

Nach zwei Tagen Ruhe ging es heute auf eine kurze lockere Runde, um die angeschlagene Wade mal anzutesten. Lief eigentlich okay, aber das Ding ist noch ziemlich fest. Bis Sonntag ist ja noch ein wenig Zeit. Da muss halt Pferdebalsam ran und eine kurze Massage.
An der Isar war es wieder voller Läufer, da macht das Laufen gleich noch mehr Spaß, wenn auch andere schwitzen.
Stdiut von MgMBlog @ 31.08.11 - 19:44:18

Herbst

Laufen und Essen

Diese Woche muss ich wieder aufpassen. Da ich viel weniger laufe, brauche ich natürlich auch weniger zu futtern. Also, wird es keine Schokolade mehr geben, keine Gummitiere und keine Kekse. Und das für mindestens 3 Tage. Ich bin bestimmt einer der rundesten Läufer, aber so richtig schnell macht ein Bäuchlein irgendwie nicht. Obwohl es windschnittig aussieht. :>>
Stdiut von MgMBlog @ 01.09.11 - 19:24:10

Begeisterung

Da habe ich der kleinen Conny von dem Buch "Born to run" erzählt und sie ist gleich so begeistert, dass sie losgehen möchte und sich ein paar neue Schuhe kaufen möchte. Vielleicht ist dieses Buch tatsächlich ein Auslöser für viele Läufer, das natürliche Laufen zu entdecken. Ich finde, man sollte es probieren. Man vergibt sich nichts und die Art zu laufen ist tatsächlich etwas völlig Neues.
Stdiut von MgMBlog @ 02.09.11 - 18:17:18

Lässiger Samstag

Heute war ich mal fauler, als meine Laufgruppe, hoffe ich jedenfalls. Ich bin heute nur 5,5km gelaufen, während die arme Monika ihre 6km absolvieren musste. Dafür muss ich aber morgen wieder etwas mehr tun.
Es geht nach Altötting zu meinem Traditions-Halbmarathon. Dann kann ich wieder meinem kleinen Dinosaurier winken. Mal sehen, ob der Klampfenmann doch wieder auftaucht.
Ja, der Lauf hat Tradition bei mir, darum mache ich ihn auch noch, obwohl ich ja sonst eher gemütlicher laufe, dafür eben dann länger.
Also, morgen Daumen drücken, um 10:15 Uhr geht es los. Treffe dort einen Twitter-Kollegen, allerdings läuft der die Strecke in 01:20h, da kann ich ihn leider nur gnadenlos vor mir herhetzen und nach ihm beim Erdinger Weissbier eintrudeln. :>>
Stdiut von MgMBlog @ 03.09.11 - 18:05:39

Halbmarathon Altötting

Heute ging es zum HM nach Altötting. Mein Freund und meine Fangruppe bestiegen um 07:00 Uhr morgens das Auto und fuhren los. Nach einem leichten Verfahrer waren wir aber trotzdem rechtzeitig auf dem Parkplatz der Dult. Wir gingen rüber zur Turnhalle, lasen die Startnummern und holten dann alles ab, die Startnummer und die üblichen Gimmicks. Wobei der Seesack vom Sponsor dies Jahr wirklich schön grün aussieht. Ich schaute auch nach einem Twitter-Kollegen, aber bis zum Start gelang es mir nicht, ihn ausfindig zu machen. Nach einem 10minütigen Einlaufen, nach dem mir der Schweiß bereits in Strömen herunterlief, ging es zur Startposition.

Pünktlich um 10:15 Uhr fiel der Startschuss und los ging es. Der Kurs war wie immer und unser Klampfenspieler wird leider immer noch vermisst. Die Hitze machte mir aber heute besonders zu schaffen. Es war nicht trocken heiß, sondern dampfig. Fast wie in einer Sauna. Ich ging es eigentlich mutig an, aber leider wurde mein Mut nicht wirklich belohnt. Die ersten 10km in 47 Minuten und die zweiten 10km 51 Minuten. Dazu kamen ein paar Zuckungen in der rechten Wade, also die, die keinen Krampf hatte, so dass ich ab 19 Kilometer nicht mehr beschleunigen konnte. Somit schwebte dann der Zugläufer mit den 01:45h-Läufern und seinen Luftballons vorbei und mit ihm entschwebte mein Plan unter 01:45h zu bleiben.

Ich konnte dann zwar doch noch einmal beschleunigen, ab dem Kreisverkehr, weil die Musik der Rockband dort mich aufmunterte, aber leider waren es jetzt veröffentlichte offizielle 01:45:33h.

Trotzdem gönnte ich mir zwei Erdinger Alkoholfrei zur Belohnung. Den Josef, meinen Lauf-Twitter-Kollegen habe ich dann auch noch gefunden, netter Kerl. Haben uns gut unterhalten. Er hat es knapp unter 01:30h geschafft, nicht schlecht für die Hitze. Glückwunsch!

Dann trollte ich mich zu meiner Fangruppe und ließ mich noch ein wenig weiter trösten. Dafür habe ich dann allen ein Eis spendiert, nachdem wir wieder in München waren. :D

Stdiut von MgMBlog @ 04.09.11 - 17:24:01

Endlich

Heute bin ich endlich wieder gelaufen. Schon morgens um 09:00 Uhr ging es los ab dem Schyrenplatz in Richtung Tierpark. So richtig gequält habe ich die Gruppe jetzt nicht, das mussten die beiden schon selbst tun.
Monika hat heute 6,55km in 01:02h absolviert, schon über eine Stunde laufen!!! Und Christian ist dann anschließend noch eine Runde von Wittelsbacher Brücke bis Reichenbachbrücke wieder Wittelsbacher gedreht. Das waren noch einmal 2,35km macht also 8,9km für den Christian. Somit haben wir zwei neue PB aufgestellt. :>>
Ich wollte heute insgesamt 2 Stunden voll machen und das habe ich auch gemacht. Meine letzte Runde waren dann noch mal 6,5km plus die 1,2km Anlauf ergibt somit heute insgesamt für mich 16,64km. Jetzt wird geduscht, gefrühstückt und die Sonne genossen.
Stdiut von MgMBlog @ 10.09.11 - 10:50:56

Run for Life - München

Heute am Sonntag lag mal was ganz Besonderes an. Kein Training, kein Wettkampf, kein Tapering, kein Trail, sondern Charity. Ich habe für den Run for Life gemeldet und meine Lauffreundin Andrea überredet mitzukommen. Zu den 15 Euro Startgeld habe ich auf 50 Euro zugunsten der AIDS Hilfe aufgerundet, Andrea hat sogar 50 Euro draufgepackt. Lauftechnisch wollten wir es aber heute ruhig angehen lassen. Also, trafen wir uns heute an einem sonnigen, heißen Nachmittag um 12:30 Uhr und radelten zum Haus der Kunst, wo der Lauf stattfinden sollte.
Dort schauten wir uns ein wenig um, holten uns unser Shirt ab, beschlossen aber in unseren eigenen zu laufen, denn die vom Veranstalter waren aus Baumwolle. Beim Start haben wir uns hinten eingereiht und los ging es.
Ich hatte meine Merell-Schuhe angezogen, um mal wieder das natürliche Laufen zu praktizieren. Es ging durch den Englischen Garten, wo es im Gegensatz zum dem Startgebiet wenigstens nicht ganz so heiß war. Unterwegs unterhielten wir uns noch mit einem Läufer, dem mein Rennsteiglauf-Shirt aufgefallen war, aber er zog dann ab Kilometer 4 los, wir blieben aber in unserem Wohlfühltempo.
Trotz Trink-, Pinkel- und Schnürsenkel-Pause waren wir knapp nach einer

Stunde im Ziel. Unterwegs konnten wir feststellen, dass sich unser Training gelohnt hat, denn einige andere mussten sich schon ziemlich anstrengen. Um so mehr Anerkennung für diese Läufer, dass sie für einen guten Zweck diese Strapazen auf sich genommen haben.
Wir schnappten uns dann nach dem Lauf noch eine Flasche Rivella, das dort kostenlos verteilt wurde und das wir sehr mögen. Dann radelten wir vorbei an den Surfern auf dem Eisbach in Richtung Heimat und gönnten uns ein Stück Kuchen, der zu Hause, gebacken von meinem Freund, auf uns wartete.
Dann verabschiedete sich Andrea und ich gönnte mir ein Bad. Cooler Sonntag.:yes:
Stdiut von MgMBlog @ 11.09.11 - 18:07:49

Normalität im Laufbetrieb

Normalität im Laufbetrieb wird sich bei mir dies Jahr wohl nicht mehr einstellen. Jetzt kann ich zwar mal eine Woche ganz normales Training machen, aber dann geht es schon wieder auf Reisen. Dies Jahr Kanada - 16 Tage unterwegs. Natürlich nehme ich Laufsachen mit, aber es ist eine Rundreise, also, erst mal sehen, wie das ausgeht.
Heute habe ich jedenfalls eine Dienstag Abend-Runde entlang der Isar gemacht. 10km in etwa 52 Minuten, Garmin sagt mehr, SportTracks sagt weniger. Egal, war ein schöner Lauf. Allerdings mit vielen kleinen Fliegen in der Luft. Habe sicher ein paar verschluckt. Irgendwie schon immer eklig, man weiß ja nie an welchem Pferdeapfel die vorher gesessen haben. Oder in der Nähe vom Tierpark erst, da sind viele Sitzmöglichkeiten auf Fäkalien denkbar. Aber egal, das härtet wahrscheinlich eher ab. Die Brille trage ich jedenfalls nicht als Schutz vor der Sonne, sondern weil es so widerlich ist, sich die Dinger aus den Augen zu puhlen.
Stdiut von MgMBlog @ 13.09.11 - 20:15:32

Herbstereignis

Ich kann mich im Herbst einfach für keinen Lauf entscheiden, dabei gibt es ein paar ganz nette Schmankerl. Aber entweder ist die Reise sehr weit oder

man muss Maut zahlen. Ich bin echt noch am Überlegen, ob ich nicht einfach in der Gegend bleibe und vielleicht mal durch die Wälder und Berge streife.
Stdiut von MgMBlog @ 14.09.11 - 19:20:35

Des Abends Laufen

Des Abends Laufen statt Brause saufen. :>>
Heute bin ich um 16:30 Uhr aus der Firma getürmt und habe gerade noch den Shuttle um 16:38 Uhr erwischt. Cool, somit stand ich schon um 18:10 Uhr vor der Haustür und schmiss meinen Garmin an.
Kurzentschlossen ging es heute mal nicht gleich zur Isar, sondern die Hochleite entlang, dann an der Eisenbahnbrücke vorbei, Richtung Grünwald und dann den steilen Berg runter. In der Mitte wollte ich nach rechts auf den Trail wechseln. Als ich den Weg links entdeckte, war ich an dem Einfädelpfad auf der rechten Seite aber schon vorbei getippelt, richtig bergab laufen geht da nicht, ist viel zu steil. Also, halbe Drehung, bergauf und schwupp auf den Trail, der mich dann wieder auf den Isar-Radweg führte. Jetzt wieder Richtung Tierpark und dann nach Hause.
Das Tempo war heute etwas zu schnell glaube ich, 14 km in einem 5:35er Schnitt. Aber endlich mal etwas mehr gemacht, als immer nur 10km. Das Wetter ist abends schon recht kühl, zumindest kommt es einem so vor. Aber das ist fürs Laufen ja eher förderlich.
Stdiut von MgMBlog @ 15.09.11 - 20:31:39

Träger Lauf

Heute Morgen ging es vorbei am Wagen der Fischer Vroni, der mit Blasmusik zur Wiesn ausrückte, zum Treff mit der Gruppe, welche aber heute nur aus Monika und mir bestand. Wir liefen ab Schyrenplatz in Richtung Tierpark und zurück. Der Regen, der anfangs noch gefallen war, hatte sich nach kurzer Zeit verzogen und ist strahlendem Sonnenschein gewichen. Dadurch war es ziemlich dampfig und warm.
Monika hat ihre Leistung bestätigt und ist 6,5km gelaufen. Wir waren sogar etwas schneller als letzte Woche. Ich selbst konnte mich danach allerdings

nicht so richtig aufraffen und war dann nach insgesamt 14km wieder zu Hause.
Stdiut von MgMBlog @ 17.09.11 - 16:52:45

Lauf ich im Regen oder im Regen

Das war heute die einzige Entscheidung, die ich noch treffen konnte. Also ging es für meine Verhältnisse relativ früh gegen 12 Uhr los. Es regnete, als ich loslief und es regnete, als ich wieder zu Hause ankam.
Unterwegs bei Kilometer 11 wurde es richtig stürmisch und es fielen Bucheckern oder Eicheln von den Bäumen. Gut, dass ich eine Mütze aufhatte. Es waren auch relativ wenig Läufer unterwegs, Mountain Biker gar keine. Leider konnte ich den Trail aber nicht laufen heute, es war einfach zu matschig.
Ich war heute nicht ganz so flott drauf und hatte mir 22 Kilometer vorgenommen, damit ich die 60km diese Woche voll kriege. Das ist mir auch geglückt, denn ich war erst nach 22,5 km zu Hause. Aber da ich zur Zeit eh nix geplant habe, kann ich es ruhig mal wieder langsam angehen lassen. Grüsse an den Docrunner, dem hätte das Wetter sicher gefallen.
Stdiut von MgMBlog @ 18.09.11 - 21:27:53

Kurze Pause

Heute war zwischen der Ankunft im Hotel und dem Diner eine Pause von etwa 1:20h. Also bin ich in Windeseile in die Klamotten geschlüpft und losgelaufen. Immer entlang des Niagara-Flußes auf einem Fußweg. Es war heute wahnsinnig dampfig und im Bus kam mir die Strecke gar nicht so hügelig vor. Ich wollte Gas geben, da ich nicht unpünktlich beim Diner erscheinen wollte. Es lief gut. Vorbei an leeren Motels und immer leeren Wegen. Die Saison ist hier wohl vorbei.
Fast gegen Ende überholte ich eine Gruppe Läuferinnen und eine rief "Catch the red one". Da ich ziemlich flott unterwegs war, hätte ich den Platzhirsch der Damengruppe auch fast eingeholt, aber ich hatte mein Hin-Pensum voll und musste drehen. Man muss auch mal verlieren können.

Ich drehte um und rief der Frau zu: "Sorry, I have to be back for diner". Die Mädels haben herzhaft gelacht und so gab ich wieder Speed, da ich ja tatsächlich pünktlich sein wollte. Was soll ich sagen, 10km in 52:30min, 18:48 Uhr im Zimmer, unter die Dusche, die ich fast nicht bedienen konnte, in die Klamotten gehopst und pünktlich am Treffpunkt. Cool.
Stdiut von MgMBlog @ 22.09.11 - 03:51:05

Quebec City

Heute endlich mal nicht endlos im Bus sitzen, sondern Zeit für Lauf und Schlendrian. Morgens nach dem Frühstück, welches heute mit frischem Obst und echtem Schinken aufwartete, ging es auf Lauftour. Wir sind von der Unterstadt in die Oberstadt zu dem wunderschönen Stadtpark gelaufen. Einziges Problem, es geht steil bergauf, erst über Treppen, dann steile Strassen. Dort haben wir zwei Football Mannschaften aufmarschieren sehen, sehr jugendlich und ein Team mit irischer Flagge, wir haben Blader gesehen. Bei uns
fallen mir die gar nicht mehr auf und andere Läufer natürlich.
Der Weg zurück war wesentlich entspannter. Nach 10 Kilometern waren wir wieder am Hotel, denn heute war ich nicht allein unterwegs, sondern mit meinem großen Bruder. Der Arme hat ganz schön geschnauft, denn er steht grad nicht so ganz im Training. Trotzdem haben wir weder hin noch zurück den Lift benutzt.
Anschließend ging es dann mit der ganzen Sippe zum Eis essen und schlendern. Ein schöner Tag bei herrlichem Wetter in Quebec City.
Stdiut von MgMBlog @ 25.09.11 - 03:29:11

Lauf in den Rocky Mountains

Heute gab es endlich mal wieder ein Zeitfenster in der Reise, um einen Lauf vor dem Essen organisatorisch einzupflegen. Somit ging es um 17:30 Uhr Ortszeit in Banff, von meinem malerisch gelegenen Hotel auf einem Hügel, auf die Piste. Mein ältester Bruder schloss sich mir an.
Es ging los in Richtung Ortskern, den wir nach etwa 2 Kilometern erreicht

hatten. Von dort entlang des Bow Rivers einen ebenen Weg entlang. Dann nach 3,5km erreichten wir eine Holztreppe und Eddi beschloss umzukehren, da es ihm zu hügelig wurde. Ihr kennt
mich, ich musste wenigstens versuchen, die 10km zu knacken, was bedeutet 5km geradeaus oder besser in eine Richtung zu laufen.
Nach der Treppe ging es nur noch bergan, mir hing bei Kilometer 4,3 schon die Zunge aus dem Hals. Aber ich sagte mir, he Alter, 800m sind ein Klacks. Endlich zeigte der Garmin 5,01km und ich drehte um. Vorbei an dem Center für Creative Arts, dem Aussichtspunkt zum teuersten Hotel der Stadt "Banff Springs", zu dem uns vorher der Bus über Serpentinen chauffiert hatte, was wesentlich leichter war, dann wieder zur Holztreppe runter zum Fluss. Am Teehaus ging es dann rechts, anschließend nach links in Richtung Hotel, wo ich unterwegs am Bahnübergang einen Riesenhirsch sah und auf dem Heimweg noch eine nette Gruppe Läufer traf.
Es ist hier sonnig, aber der Wind ist eisig, um nicht zu sagen "arschkalt". Von weitem sah ich dann meinen Bruder auf die Hotelstrasse einbiegen, natürlich hatte ich ihn nicht wieder
eingeholt, dazu war der Anstieg zwischen 3,5km bis 5km viel zu steil. Ich war jedenfalls heilfroh wieder das Hotel mit Whirlpool erreicht zu haben. Nach einer kurzen Dusche ging es zum essen (weghören Vegetarier) und ich genoss das reichlich verdiente Bison Rib Steak.
Stdiut von MgMBlog @ 29.09.11 - 05:37:59

Und wieder im Banff National Park

Gleich am 29. September ging es auf den nächsten Lauf im Banff National Park. Heute mal was ganz anderes.
In Kanada kann man mit dem Rad direkt neben der Autobahn auf einem Extrastreifen radeln. Man nennt das hier im Nationalpark "Meals on Wheels" da ja angeblich ein paar Bären frei herumlaufen. Ich habe allerdings keinen entdeckt. Mein Bruder und ich wollten das mal probieren und haben diesen Streifen als Läufer genutzt.
Schon eine merkwürdige Erfahrung neben den Trucks zu laufen. Aber die Fahrer waren alle nett. Mein Bruder drehte dann bei Kilometer 2,5 ab und ich lief noch bis zur 3 Kilometer Marke weiter Autobahn. Dann kehrte ich aber um

und drehte dann bei Kilometer 6 ab auf die Runde in Richtung Banff entlang des Bow Rivers.
Bei einbrechender Dunkelheit war ich dann auch schon wieder auf dem Heimweg und hatte nach einem letzten Anstieg das Hotel erreicht. Es war wieder sehr kalt und trocken unterwegs.
Stdiut von MgMBlog @ 01.10.11 - 07:12:54

Letzter Lauf in Kanada

Bin schon wieder zurück in meiner Heimat und hatte noch keine Zeit, von meinem letzten Lauf zu berichten.
Am Montag ging es durch Vancouver. Ich schlupfte nach einem verregneten Vormittag, in meine Laufklamotten und lief alleine los. Meinem großen Bruder war es zu nass. Da lag er allerdings falsch. Denn kaum war ich unten aus dem 17. Stock und eingeloggt bei den Satelliten, schon schien die Sonne.
Ich trabte los in Richtung Sea Sidewalk oder besser Water Front Walk Way. Diese Promenade geht um die gesamte Insel-Innenstadt und kann per Rad oder per pedes begangen werden. Insgesamt sollen es 22km sein. Um mich nicht zu verlaufen, lief ich aber hin und zurück. Unten am Meer traf ich noch unseren Österreicher Helmut, ein Ultra der Berge mag und beim Chicago-Marathon starten wird. Er beendete seine Runde, als ich anfing.
Ich lief Richtung des Parks, aber kam eigentlich nur bis zur English Bay, wo die großen Schiffe vor Anker liegen. Der Wind kam von hinten und ich schwitzte schnell, denn in der Sonne war es warm. Ein paar Meter konnte ich sogar auf weichem Sand oder auf Tannennadeln laufen, eine Wohltat in den Barfuss-Schuhen.
Sonst war der Untergrund recht hart. Die 10km hatte ich nach 55 Minuten beendet, lief aber noch insgesamt bis Kilometer 11.
Somit habe ich so ein wenig mehr als 50km in den 14 Tagen laufend verbracht. An den Niagara Fällen, in Quebec, in den Rocky Mountains und in Vancouver. Erholsam war der Urlaub eigentlich nicht, aber wir haben eine Menge gesehen, außer Eskimos und Bären.
Stdiut von MgMBlog @ 06.10.11 - 14:58:24

Planung 2012

Jetzt geht langsam die Planung für nächstes Jahr los. Und da ich gern reise, habe ich mal einen 50km-Trail in London, einen 80km Trail-in Paris und den 50km-Lauf in Kopenhagen gemeldet, Flüge gebucht und Hotels gesucht. Jetzt muss ich nur noch hoffen, dass kein Lauf ausfällt. Für den Hauptlauf im Juli ist leider noch keine Anmeldung möglich, aber das geht sicher bald. Somit bin ich wieder Weltbürger und Vielreiser.

Stdiut von MgMBlog @ 07.10.11 - 18:18:10

Mann trifft sich

Da existieren scheinbar Parallelwelten. Obwohl gestern der München-Marathon stattfand, stellte ich erstaunt beim Lauf an der Isar fest, dass viele Läufer hier unterwegs waren. Also weder am Start noch an der Strecke.

So gegen 14 Uhr bei kaltem Wetter aber Sonnenschein, war ein reges Läufertreiben zu beobachten. Auch ich hatte ja anfangs überlegt, mal an die Strecke zu schauen, aber es dann doch als blöde Idee verworfen. Waren aber auch erschreckend wenig Starter beim Marathon. 3950 Männer und 873 Frauen im Ziel. Das ist glaube ich mal Negativrekord. Liegt aber sicher auch daran, wie dieser Marathon von den Medien behandelt wird.

Während der Hessische Rundfunk sogar aus Hawaii berichtet und auch der Hamburg-Marathon live im Fernseher zu beobachten ist, hält sich der Bayerische Rundfunk stark zurück. Dabei gab es in diesem Jahr bei den Männern eine sensationelle Zeit 02:19:22h - Hut ab. Aber wo kein Kenianer startet, da ist wohl keine Sensation in Sicht. Warum sollte der Heimatsender auch von fast fünftausend Menschen berichten? Aber wozu ärgern.

Auf meinem Lauf habe ich den Kristijan nebst Frau getroffen. Und wir haben uns nett unterhalten, weshalb ich dann statt der geplanten 10 - 12km fast 14km gelaufen bin. Er hat dieses Jahr einen Triathlon beendet. Aber auch sonst verging die Zeit wie im Fluge bei diesem netten Zufallstreffen. Haben uns aber auch lange nicht gesehen oder ich konnte oder wollte gerade nicht stoppen. Jetzt werde ich dann mal langsam wieder die Umfänge steigern und mich wieder in Richtung Ultra bewegen. Im Februar geht es dann los.

Der Weg ist das Ziel.

Stdiut von MgMBlog @ 10.10.11 - 13:58:10

Neue Planung

Es muss schon wieder eine neue Wochenplanung her, da ich ab heute einen Sprachkurs besuche. Das Einzige, was bleibt ist eigentlich ein Blocktraining. Das bedeutet von Donnerstag Abend bis Sonntag Lauf-Einheiten und dafür Montag bis Mittwoch frei machen. Na mal sehen, ob das funktioniert. Aber es gibt Schlimmeres.

Dafür kann ich dann beim nächsten Lauf in Dänemark wenigstens mal was antworten und muss nicht nur blöd grinsen.

Stdiut von MgMBlog @ 11.10.11 - 14:32:11

Zwölf Stunden ist es her

Wenn man sich so die Zeit bewusst macht, wie sie vergeht, ist es seltsam. Habe gerade in der Twitterline entdeckt, dass ich vor zwölf Stunden gelaufen bin. Dann habe ich noch einen Joghurt verdrückt, bis Mitternacht ferngesehen und jetzt hocke ich schon wieder im Büro. Der Lauf gestern Abend war entspannend. Allerdings hat meine linke Wade ziemlich gezwickt, denn ich hatte vor drei Nächten mal wieder einen Wadenkrampf. Das Wetter war eigentlich herrlich, obwohl ich erst Angst hatte, es wird viel zu kalt. Mit kurzen Hosen und ohne Mütze war es aber auszuhalten.

Ich bin die Hochleite entlang, da ich keine Lust hatte, im Dunklen zu laufen. Und es waren einige Läufer unterwegs. Hätte ich gar nicht gedacht. Aber das hat mich auf die Idee gebracht, vielleicht mal einen Club der Nachtläufer zu gründen, die es, genau wie ich, nicht schaffen, morgens aus dem Bett zu krabbeln.)-o Heute ist denn auch schon wieder Freitag, das bedeutet das Wochenende ist in Sicht und somit Zeit zur Verbesserung der Kilometerbilanz.

Stdiut von MgMBlog @ 14.10.11 - 07:37:14

Zunehmende Dunkelheit

Heute wollte ich das letzte Tageslicht ausnutzen und bin so gegen 18:45 Uhr losgelaufen. An der Isar in Richtung Tierpark gibt es nämlich keine Straßenbeleuchtung oder sagt man Wegbeleuchtung, denn eine Strasse gibt

es da ja nicht. Egal.
Also, bis Tierpark war es relativ hell, nur die jugendlichen Punker unter der Brücke waren heute tierisch laut und das am Tierpark. :)) Von da ging es Richtung Flaucher und dann zum Baldeplatz und dort weiter links der Isar, bis zur Fraunhofer-Strasse, dort durch den "Untergang" und noch eine Brücke weiter und dann auf die rechts der Isar-Seite und zurück. Nur leider lief ich somit schnurstracks ab dem Kiosk in Richtung Tierpark und somit, ihr werdet es ahnen, mitten in die Dunkelheit, denn ab dort gibt es schon keine Laternen mehr. Ich lief unten entlang, dort ist es etwas heller, allerdings war man dann bei jedem Fahrrad, das entgegen kam, erst einmal blind. Ich muss wohl für die Abendläufe doch mal die Stirnlampe ausbuddeln, dann wird sie wenigstens nicht nur einmal pro Jahr benutzt.
P.S.: 10,93km in 01:02:58h
Stdiut von MgMBlog @ 14.10.11 - 20:30:26

Echsen an der Isar

Heute Morgen habe ich mich beim Laufen erschrocken, als ich dieses süße kleine Ding an der Isar gesehen habe. Es stand zwischen Kilometer 3,5 und 4 auf dem Damm am Tierpark. Mein Herz hüpfte, da ich eine echte Echse vermutete. Habe aber wohl etwas zuviel von den Echsen in der Großmarkthalle gehört die Woche. Dieses kleine Exemplar ist ein künstliches, aber sooo niedlich.
Um 10 Uhr habe ich heute Monika getroffen und wir sind beide vor Kälte zitternd losgelaufen. In der Sonne war es etwas wärmer, wessenthalben ich runter an die Isar strebte, wo viele Frauen ihre Hunde Gassi führten. Leider hat es meiner Laufpartnerin aber nicht gefallen, also ging es zurück auf den normalen Laufweg an der Isar. Heute drehten wir schon nach zwei Kilometern, da es ihr nicht so gut ging, aber dann sind wir doch noch weiter in Richtung Norden gelaufen, bis zum "Untergang" und von da weiter zur Klenzestrasse. Hier verabschiedeten wir uns und Monika hatte immerhin 5,5km auf der Uhr.
Ich lief dann wieder weiter zur Brudermühlbrücke und dort wieder auf die Tierparkseite und machte so etwa 2 Stunden voll, mit 16,44km.
Stdiut von MgMBlog @ 15.10.11 - 19:31:53

Kalt oder Heiss

Ich konnte mich gestern nicht so ganz entscheiden, was ich anziehen soll. Also, kurze Hose und lange Jacke gewählt. War auch gut so. Zwar war es an manchen Stellen total warm, aber wenn einem der eisige Ostwind an den Hals wehte, merkte man dies schon deutlich. Und am Hals bin ich zur Zeit total empfindlich, keine Ahnung warum. Hatte mir schon bei Kanada in diesen Bussen mit Klimaanlage Probleme bereitet. Das Wetter war aber wieder total schön. Da fielen mir die 20km nicht schwer, die ich mir vorgenommen hatte.
Tempo war so um die 6.0min/km, nach der langen Pause schon wieder ganz okay. Wobei ich derzeit ja gar nicht auf Tempo machen muss, sondern eher langsam wieder die Ultra-Schenkel stähle. Also, lange und langsam laufen.
Jedenfalls wegen mir, könnte das Wetter so bleiben, aber leider sagt die Voraussage was anderes.
Stdiut von MgMBlog @ 17.10.11 - 14:35:22

Stirnlampentest

Heute ist schon Donnerstag und ich bin das erste Mal diese Woche gelaufen, schäm. Aber anders schaffe ich es zur Zeit nicht. Gleich nach der Arbeit ging es heute auf die Auer Dult, eine leckere Dampfnudel mit Vanillesauce und Zimt bestreut essen. Danach eine Holzkelle kaufen und dann mit einer Käsesemmel in der Hand, nach Hause. Dort umziehen und in die Laufklamotten, heute dreiviertellange Hose, statt kurz und dann die Stirnlampe rausgekramt, die ich sonst einmal pro Jahr bei der Ulmer Nacht aufsetze.
So ausgerüstet ging es auf Tour an die Isar. Ab der Brudermühlbrücke dann eingeschaltet und 5km hin und 5 zurück gelaufen. Auf den Abschnitten ohne Straßenlampen ist es ja wirklich zappenduster, aber so mit Lampe angenehm zu laufen.
Ab und an blitzte die Kleidung von entgegen kommenden Läufern, die ohne Licht unterwegs waren, manche hat man auch erst in letzter Sekunde bemerkt. Hatte was von Blairwitch Project. An der rechten Seite standen ganz viele Absperrungen, die auch lustig im Licht funkelten. Der Radweg an der Isar wird saniert, bis Mitte November. Cool.
Fazit: Die armen entgegenkommenden Läufer werden ab jetzt geblendet,

aber fürs Laufen ist die Stirnlampe sehr zu empfehlen. Meine ist auch ganz klein und leicht, meine alte war dagegen ein Felsbrocken. Es gibt sicher hellere, aber ich finde das Licht angenehm und mit unter 30 Euro war sie auch recht günstig.
Stdiut von MgMBlog @ 20.10.11 - 20:26:16

From Dusk till Dark

Heute war ich eher zu Hause, also ging es noch bei Tageslicht auf die Laufrunde. Heute mal in Richtung Norden statt Süden, denn schließlich braucht der Mensch auch mal Abwechslung. Es ging recht flott, jedenfalls im Gegensatz zu gestern. Trotzdem musste ich auf dem letzten Abschnitt wieder die Stirnlampe einsetzen. Auf dem Laufweg wird es langsam eng, denn der Radweg an der Isar ist ja offiziell in Renovierung. Das Wetter ist derzeit echt gut zu ertragen, allerdings ohne Mütze trau ich mich denn doch nicht raus. Muss ich ja auch nicht, oder?
Stdiut von MgMBlog @ 21.10.11 - 20:07:33

Samstag - Training und Freizeit

Am Samstag hieß es Training und Freizeit bestmöglichst zu verbinden. Um 10:00 Uhr ging es zum Training mit der Laufgruppe uns siehe da, wir waren mal wieder komplett. Auch Christian hatte beschlossen, etwas gegen seinen Kugelbauch zu unternehmen. Also liefen wir an der Isar an den Rama Dama-Leuten vorbei, die in freiwilliger Arbeit die Isarauen säuberten. Monika hat ihre 5km verbessert, ein sichtbarer Effekt des Trainings. Hipp Hipp.
Nach der Gruppe drehte ich noch eine klitzekleine Runde und hatte dann so etwa 13km auf der Uhr. Schnell geduscht und ab in die nagelneuen Sweat Pants und auf ging es in die neue Schrannenhalle, wo wir uns einige Schmankerl gönnten und gesunde Sachen wie Sesamöl und Kürbiskernöl kauften.
Stdiut von MgMBlog @ 24.10.11 - 11:03:45

Wo geht es nach Hause?

Gestern nach dem Frühstück ließ ich mich von meinem Freund nach Hallbergmoos fahren und besichtigte mit ihm meine neue Arbeitsstätte. Von dort liess ich mich wieder zur S-Bahn Station HBM (Hallbergmoos) fahren. Dort stieg ich dann auf dem Parkplatz aus, schulterte meinen Trinkruckack, winkte meinem Freund und lief los.

Eine kurze Wegstrecke neben der Strasse auf einem Radweg, aber dann entlang des Isarradweges immer rechts der Isar. Erstaunlicherweise ist es dort bedeutend hügeliger als auf der Linksseite. Nach 10km kam mir die Strecke bekannt vor, aber logisch, das ist die Strecke der Ismaninger Winterlaufserie mit Holzbrückchen und Teehügel. Also, da stehen immer die Banksponsoren und schenken Tee aus. Lange Zeit kam mir aber dann gar nichts mehr bekannt vor und ich wusste nicht so richtig, wieviel Kilometer es werden würden.

Bei dem herrlichen Sonnenschein war das aber auch wurscht. Dann ab der Holzbrücke St. Emmeram kannte ich mich aber aus und wusste, was so etwa auf mich zukam.

Vorbei am Volksbad und an der Brudermühlbrücke hatte ich 27,4km auf der Uhr stehen. Nach 28,35km war ich dann zu Hause angekommen. Durchschnittliches Tempo 6:03min/km oder 9,9km/h (@joggah) :D

Tolles Wetter, guter Lauf, könnte immer so sein.

Stdiut von MgMBlog @ 24.10.11 - 11:23:00

Quäl Dich

Gestern hatte ich meinen ersten Trainingstag der Woche. Das Problem war nur, dass es gleichzeitig der fünfte Tag in Folge war. Und da ich vom Wochenende und Training eh noch geschwächt war, ging eigentlich gar nix. Da hätte ich besser zu Hause bleiben sollen. Es tat wirklich ziemlich viel weh. Aber was soll's, es waren dann 8km in einem Schnitt von 6:35min/km oder so. Und danach habe ich mir die Waden mit Pferdesalbe massieren lassen. Passend zum Gefühl des Laufstils :yes:

Stdiut von MgMBlog @ 25.10.11 - 15:41:20

Besserung in Sicht

Heute ging es schon wieder entschieden besser mit dem Laufen. Aber mal nicht die Isar entlang, sondern hinter unserem Haus zur Hochleite. Das ist ein Damm oberhalb des Tierparks. Der Weg ist ohne Autoverkehr und durchgehend beleuchtet. Um Leute zu sehen, laufe ich ja lieber an der Isar. Aber mit der Stirnlampe auf und entlang der Isar in der Dunkelheit erkennt man ja eh niemanden. Es lief wie gesagt gut, es ist wärmer gewesen als Montag, nur ein wenig feuchter, aber ohne Regen. Und ich habe jemanden getroffen, eine sie, die ich schon von weitem an ihrem Geschnatter erkannt hatte. Ich rief dann: "Hallo Bettina!" und bekam nur ein Hallo als Antwort. Also bin ich nicht sicher, ob sie erkannt hat, wer da in der Dunkelheit an ihr vorbei trabte. :>>

Leistung 10,61km in 5:58min/km

Stdiut von MgMBlog @ 26.10.11 - 20:05:38

Nachtrag Samstag

Am Samstag ging es wieder mal nur mit der halben Truppe in die Spur. Dann setzte auch noch der Garmin von Monika aus, aber es ging trotzdem gut voran. Diesmal hat Monika sogar den Tatort-Kommissar gesehen, der immer am Samstag an der Isar läuft und dessen Namen ich ständig vergesse. Liegt wohl daran, dass ich das nie sehe. Nach dem gemeinsamen Lauf, bin ich noch etwas weiter getrabt und habe sogar 15km geschafft.

Danach ging es auf eine Weinmesse, auf die Praterinsel in München. Fast zu Fuss. :-)

Stdiut von MgMBlog @ 31.10.11 - 14:57:47

Und wieder mal Trail

Für Sonntag war ich mit Andreas (@joggah) zum Traillaufen verabredet. Treffpunkt Tierpark Eingang, wie zu alten Ruscher-Zeiten. Wir haben ja beide mal bei ihm trainiert. Andreas berichtete mir von seinen beiden Läufen in den Bergen, an denen er teilgenommen hatte. Ein Marathon und ein Ultra, allerdings beides sehr viele Höhenmeter. Respekt. Ich konnte aus letzter Zeit

nur von meinem Kanada-Urlaub und von meinem Lauf von Hallbergmoos nach München erzählen.
Wir starteten heute unseren Trail unterhalb der Großhesseloher Brücke in Richtung Süden. Es ging durch Untergehölz und Matsch. Dann weiter durch Laubwald und über Wurzeln. Etwa später mussten wir kurz auf den Radweg zurück um kurz danach wieder im Gehölz zu verschwinden. Hier bewunderte ich, wie Andreas fast immer auf dem Vorfuß aufsetzte, was mich beinahe auf die Fresse gehauen hätte. Denn die Steine und der Untergrund waren ziemlich glitschig, äußerst ungeschickt, da nicht aufzupassen. Ich konnte mich gerade noch so auffangen, sonst wäre zwischen Bruch und Schorf alles drin gewesen. Von da an lief ich jedenfalls vorsichtiger. Aber Andreas rutschte auch ein paar Mal aus.
Nachdem wir an der Grünwalder Brücke waren, ging es zuerst zwei Kilometer auf dem Radweg und dann über die Holzdämme zurück auf den Trail. An der Großhesseloher Brücke ging es dann gleich danach wieder rauf, durch die Höhle und danach runter und dann wieder ganz rauf zur Hochleite. Da oben hatte ich erstmal keine Puste mehr. Dann wieder runter zur Marienklause und dann liefen wir noch eine Schleife durch das grüne Hinterland der Schönstrasse und dann zur Brudermühlbrücke und dann wieder Richtung Flaucher. Wieder an der Tierparkbrücke verabschiedete ich Andreas und lief nach Hause. Witzigerweise hatte er anfangs noch 1,5km weniger auf der Uhr als ich, aber hier waren wir schon gleichauf. Wenn es nach unseren Uhren gegangen wäre, hätte ich ihn gar nicht mehr sehen dürfen. Aber ich benutze GPS und er, glaube ich, RSS. Ich kam nach 25,5km zu Hause an. Es war zwar eine langsame aber sehr anstrengende Runde gewesen und es hat tierisch Spaß gemacht. Tja, wenn Jungs in die Modder dürfen, sind sie glücklich.
Stdiut von MgMBlog @ 31.10.11 - 15:52:45

Heute ein Feiertags-Läufchen

Nach einem leckeren Frühstück, mit etwas zuviel Chia-Samen (sind mir in den Joghurt reingefallen), ging es heute zur halben Laufgruppe. Monika stand schon pünktlich am Treffpunkt. Es gab mal etwas Neues. Ich hatte mir überlegt, dass ein neuer Reiz nicht schaden kann. Also machten wir 4x200m

Läufe, relativ ungewohntes Terrain für meine Elevin. Aber sie hat tapfer gespurtet und 2x 1:11min und 2x 1:08min hingelegt. Somit hat sie jetzt eine PB von 68 Sekunden für 200m. Und viel besser war ich beim Läuferzehnkampf ja nun auch nicht, mit meinen 34,33sec. Davor und danach war lockeres Laufen angesagt.
Dann verabschiedete ich mich bei strahlendem Sonnenschein und es ging entlang der Isar, vorbei am Tierpark und Wende kurz vor der Großhesseloher Brücke. Es war etwas voll auf den Wegen, denn hier in München ist ja Feiertag und der Radweg ist auch nicht so ganz nutzbar. Aber man konnte sich so durchschlängeln.
Ich lief heute etwas flotter als sonst und habe einen Teilabschnitt von 5km in 25:33min beendet. Es geht also langsam wieder. Obwohl mir am Anfang noch der rechte obere Oberschenkel weh tat und der linke Fuß ist unter der Sohle noch etwas zickig, vom etwas zu starken Aufprall, beim "fast auf die Fresse legen". Ich bin aber mit dem heutigen Lauf sehr zufrieden. Langsam geht es wieder etwas flotter.
Stdiut von MgMBlog @ 01.11.11 - 20:16:10

Ehe man so zum Laufen kommt

Heute war es bereits zappenduster, als ich aus der Arbeit rauskam. Dabei war es auch nicht später als letzte Woche. Scheiss Sommerzeit sage ich nur. War dann so 18:45 Uhr zu Hause und 19 Uhr ging es los.
Die Hochleite entlang bis zur Großhesseloher Brücke oben und retour. 10,55km Schnitt 5:41 min/km. Unterwegs war eine Straßenlampe ausgefallen und beim Zurücklaufen, flackerte eine neben dem Biergarten gespenstisch auf und ab. Sah echt ein wenig gruselig aus. Aber egal, Pensum erledigt für Donnerstag. Cool.
Stdiut von MgMBlog @ 03.11.11 - 21:27:50

Es ist Sommer, Genossen Läufer

Es ist Sommer, Genossen Läufer. Jedenfalls bekommt man diesen Eindruck, wenn man zur Zeit laufen geht. Ist aber auch nicht schlecht, wenn man für

das ganze Scheißwetter mal entschädigt wird. Und nutzt die Zeit, wer weiß, was noch folgt.
Die Samstags-Laufgruppe war heute wieder nur zu zweit unterwegs. Monika und ich machten den langen langsamen Lauf. Es wurden heute 5,8km und die 5km noch einmal schneller als letzte Woche. Da kann man mal sehen, dass Tempotraining doch was bringt. Ich bin dann ab Baldeplatz bis hinter zum Tierpark und Marienklause und von da aus zurück. Und angestachelt von den Verbesserungen bei Monika, habe ich dann ab Tierparkbrücke noch 2x 500m in Richtung Brudermühlbrücke gemacht. Immerhin 2:17min und 2:16min jeweils. Dann habe ich noch locker ausgetrabt und gönne mir jetzt einen schönen Samstag.
Stdiut von MgMBlog @ 05.11.11 - 14:01:51

Und heute nur ein halber Trail

Heute war ich irgendwie schlaff, also mussten heute auch mal 20km reichen. Also 8km bei strahlendem
Sonnenschein Richtung Tierpark, dann flach weiter bis Kilometer 8 wo es dann etwas hügelig wird Richtung
Grünwald. Von dort rüber über die Brücke und dann auf den Trail links der Isar. Bin die 1. 10km unter einer
Stunde gelaufen und habe gemerkt, dass es ziemlich anstrengt Trail zu laufen, wenn man fertig ist. Musste
ziemlich aufpassen, wo ich hintrete. Dann ging es beim Kiosk wieder auf Teerweg und Richtung Heimat, wo
ich noch grosse Steinansammlungen an der Isar sah. Sieht lustig aus, hoffentlich kann man es auf dem Bild
gut erkennen. Dann nach 21,25km war ich heute zu Hause und habe diese Woche somit 64,14km geschafft.
Gutes Pensum für die Ruhephase finde ich.
Stdiut von MgMBlog @ 06.11.11 - 18:57:47

Wochenteilung

Heute wird die Woche geteilt, für mich in die lauffreie und laufende Wochenhälfte. Heute Abend ging es durch die Nebelsuppe entlang der Hochleite, obwohl der Nebel sich heute den ganzen Tag nicht verzogen hat.
Der erste Lauf der Woche waren 10,6km in genau einer Stunde. Die erste Hälfte etwas langsamer als die zweite. Allerdings musste ich mich auch sputen, da ich eine Flatulenz am Drücker hatte, mich aber nicht traute sie loszulassen. Dies hat sich auch als taktisch richtig bewiesen, denn es war mehr als nur warme Luft.
Aber egal, ich habe es ja bis heim geschafft. Manchmal haben Läufer Themen :crazy:
Meine Chia-Samen sind eingetroffen. Mal sehen, wie das wirkt, wenn man es regelmäßig verwendet. :??:
Stdiut von MgMBlog @ 09.11.11 - 21:17:18

Entspannter Abendlauf

Heute habe ich mir fest vorgenommen, nicht schnell zu laufen. Dazu bestand auch gar kein Grund, denn ich war schon um 18:00 Uhr fast mit dem Umziehen fertig. Als Strecke ging es heute wieder die Hochleite hoch, vorbei am Sechz'ger Stadion. Das Wetter war angenehm, nachdem es heute Morgen noch ziemlich feucht war. Kein Regen aber stäubender Nebel. Meine Mutter hätte gesagt: "Es fällt nass." nicht "Es regnet". Über das Wetter kann man zur Zeit eh nicht meckern. Da habe ich schon schlimmere November erlebt.
Das langsamere Laufen bekam mir echt gut. Und ich habe eben etwas länger gebraucht als Mittwoch. Aber was sind schon drei Minuten im Vergleich zu 50 Jahren.
Stdiut von MgMBlog @ 11.11.11 - 20:38:54

Schongang

Heute habe ich mal den Schongang eingelegt. Irgendwie habe ich so eine leichte Erkältung, aber eben nicht so richtig. Trotzdem habe ich beschlossen, es nicht zu übertreiben und habe deswegen heute nur den Lauf mit der

Trainingsgruppe und hin und zurück als Programm beschlossen. Und es ging wieder zu zweit auf den Lauf, mit Monika.
Ganz am Anfang drückte sie mir erst einmal die Garmin 405 in die Hand, das Ding war völlig verwirrt, also die Uhr, weil Lauffreundin Monika auf „Strecke aufzeichnen" gekommen war. Man sah einen Kompass und sonst nix. Typisch männlich habe ich dann ohne Handbuch und ohne einen Hauch von Ahnung so lange herumgefummelt, bis alles wieder stimmte. Also, von wegen intuitiv bedienbar, liebe Garmin-Fachleute, da habt ihr euch geirrt. Sonst würde ja jeder damit klar kommen.
Egal, Monika ist 6km gelaufen, in 58:18min. Obwohl mein Sporttracks sagt 5,99km in 56:57min. Such dir was aus Moni. :wave: Ich habe dann bei 10,5km direkt vor der Haustür aufgehört und hoffe, die Erkältung bricht nicht aus.
Stdiut von MgMBlog @ 12.11.11 - 20:32:09

Sonntag Abend bei einem Becher Joghurt mit Chia

Sonntag Abend bei einem Becher Joghurt mit Chia Samen, sitze ich nun da und lasse den heutigen Lauf Revue passieren. Ich bin etwas erkältet und habe mir deswegen etwas weniger vorgenommen heute. Keine 25-30km und keinen Trail, sondern so 20km flach.
Da der Garmin sofort da war, ging es gleich in medias res, bloß nicht nachdenken. Das Tempo sollte und musste mir heute wurscht sein. Ich wollte nur nicht abknicken unterwegs. Also bin ich mal zum Tierpark und dann auf der links der Isar-Seite Richtung Pullach und Grünwald. Ich wollte erst unterwegs entscheiden, ob ich mir die Hügel antue oder lieber flach zurücklaufe. Es war trotz schönem Wetter gar nicht so voll, um den Tierpark herum. Naja, die Leute können ja auch nicht jedes Wochenende da verbringen, wird ja auch mal langweilig. Beim Brückenwirt angekommen, beschloss ich dann aber doch, über die Brücke zu laufen und die Hügel in Angriff zu nehmen. Sind ja bloß 2 Kilometer in der Distanz.
Natürlich wurde ich dadurch nicht schneller und ich blieb auch mit Absicht langsamer, wenn es bergauf ging. Immer gut schnaufen können war die Devise. Als die Hügel geschafft waren, ging es wieder flach weiter.
Nach 21,5km und 2:12:51h war ich wieder zu Hause. Ich war überglücklich,

zog mir die nassen Klamotten aus und habe mich für eine Stunde ins Bett geworfen. Wow, das war anstrengend.
Jetzt knabber ich noch den Joghurt mit Chia-Samen, um einen Fressanfall am Abend zu vermeiden. Ratet mal warum. :idea:
Stdiut von MgMBlog @ 13.11.11 - 22:13:11

Rumsitzen und blöd schauen

Da muss ich doch tatsächlich mal eine Laufpause einlegen. Die Erkältung ist zwar nicht schlimm, aber bei Temperatur stelle ich das Laufen dann doch mal ein. Es schleimt allerdings auch a bisserl, was beim Laufen auch a bisserl nervig wäre beim Schnaufen. Na egal, dann laufe ich dies Jahr wohl doch keine 2500km mehr voll. Es ist ja auch mal ganz gemütlich abends einfach mal nur rumzusitzen und in die Glotze zu gucken.
Stdiut von MgMBlog @ 17.11.11 - 20:27:18

Absolute Beginners

Absolute Beginners? Nee, natürlich Quatsch. Aber heute bin ich nach dem Erkältungsrumgesuppe den ersten Tag wieder gelaufen. In meiner neuen schicken Salomonjacke natürlich. Es ging zum 10 Uhr Treffpunkt mit der Laufmoni, Gruppe kann man ja eigentlich nicht mehr sagen.
Wir haben heute 6km und ein bisschen gemeinsam absolviert. Der Ehrgeiz hat meine Elevin nämlich gepackt und sie wollte statt bei Sechs Komma Null auf Stop zu drücken, unbedingt noch die 58 Minuten vollmachen. Wow, das nenn ich Elan. Allein dafür kann man ihr schon einmal auf die schmale Schulter klopfen. Das Wetter ist schon bitter kalt zur Zeit. Ab 10 Uhr fangen die Sonnenstrahlen erst ganz zögerlich an zu wärmen und unter den Bäumen an der Isar merkt man es eher nicht. Der Raureif bedeckt morgens die Wiesen, das sieht zwar schön aus, aber bringt einem Sommerliebhaber wie mir eher wenig. Ich sehe zwar aus wie ein Kaltblüter, aber ich bin dann doch eher für die Wärme zu haben.
Nach unserer Runde bin ich dann noch ganz locker nach Hause gelaufen, um die 10km voll zu kriegen. Da ich meinen Schlüssel vergessen hatte,

musste ich klingeln. Leider vergeblich. Also drehte ich noch eine Runde um den Auer Mühlbach und das Jugendzentrum und klingelte dann nach 11,25km noch einmal zu Hause. Und schon wurde mir geöffnet. Der Hase war nämlich Wäsche aufhängen auf dem Dachboden, da hört er es nicht klingeln. Sonst hätte ich halt noch ein paar Ehrenrunden drehen müssen. Stehenbleiben wollte ich jedenfalls nicht.
Stdiut von MgMBlog @ 19.11.11 - 15:44:05

Gebremste Laufkraft

Wegen des immer noch fließenden Erkältungsschleims, habe ich den Plan für Sonntag radikal gekürzt. Nur eine lockere 10km-Spazierlaufrunde war angesagt. Nachdem der Garmin seine Satelliten gefunden hatte, ging es in Richtung Isar. Eingemummt bis zur Unkenntlichkeit, schließlich hatte ich heute Früh noch Halsschmerzen.
Anfangs in einem Schnitt knapp über 6min/km. Aber dann hat es doch wieder in den Schenkeln gejuckt und ich habe bei der Kehre an der Fraunhofer Gas gegeben. In Richtung Tierpark am Flaucher vorbei, fühlte sich das Wetter richtig warm an in der Sonne. Kurz bevor ich dann beim Tierpark war, habe ich zwei älteren Herrschaften in den Rücken gehustet. Sorry, aber der Hals hat so gejuckt. War aber nur ein ganz kurzer Anfall.
Dann ging es auch schon wieder zurück Richtung Brudermühl. Und die 10km stoppte ich in 56:04 min. Die ersten 5km in 28:13 und die zweiten in 27:34min. Dann habe ich noch austrudeln lassen und somit 11,3km absolviert. Etwas mehr als ich vorhatte und etwas schneller als ich vorhatte. Aber so mögen wir das ja auch.
Stdiut von MgMBlog @ 20.11.11 - 16:26:17

Aus der Mitte entspringt ein langsamer steter Quell

Aus der Mitte entspringt ein langsamer steter Quell. So könnte man die Leistung meines Laufschützlings bezeichnen. Obwohl vor kurzem ein kleines Lauftief am Firmament stand, ist sie jetzt schon wieder auf stabile und konstante 6km am Samstag getrimmt. Das hat natürlich mit ein wenig

anspornender Psychologie zu tun, aber ich könnte natürlich labern was ich wollte, wenn sie nicht den Willen besitzen würde, es durchzuziehen. Glückwunsch. Auch für die Tage, an denen sie mal keine Zeit hat zu laufen, haben wir einen Weg gefunden, es in den Alltag einzubinden. Einfach 3 Busstationen früher aussteigen nach der Arbeit und zu Fuß gehen oder die Treppe nehmen. Das lohnt sich bei ihr in den 5. Stock auch schon.
Nach unserer gemeinsamen Runde, habe ich heute noch den Heimweg gemacht, um die 10km voll zu kriegen und kurz vor zu Hause bin ich noch den Giesinger Berg zum 60ger Stadion hochgehechelt und dann über die Brücke und hinten die flache Seite wieder zurück. Das ging ganz gut. Somit standen am Schluss 12,25km zu Buche.
Stdiut von MgMBlog @ 26.11.11 - 17:09:12

Boa eh, Frühling

Boa eh, Frühling, das dachte ich heute Früh, als ich sehr zeitig vor unser Haus trat. Wir waren zum Frühstück eingeladen. Ich liebe Frühstück. Nach einer kurzen Fahrt kamen wir in Schwabing an und kurz darauf sassen wir auch schon bei leckeren Semmeln. Nach dem Frühstück trennten wir uns. Mein Freund fuhr heim und ich lief die Schellingstraße hoch in Richtung Englischer Garten, dann wieder zurück zur Gisela, denn ich wollte unbedingt mal ab der Villa Seidl nach Hause laufen, da ich dort zur Zeit einen Dänisch-Kurs mache. Es war überall, wo man spazieren gehen konnte, natürlich brechend voll. Das Wetter hatte ja eher was von Osterspaziergang, denn 1. Advent. Auch die Biergärten, die ich passierte (Chinesischer Turm/ Flaucher) waren gesteckt voll. Ich lief also lieber links der Isar, dort ist es nicht so grün, was die Spaziergänger schon mal vertreibt. Dafür hatte ich heute ampeltechnisch grüne Welle. Ich verlängerte die Runde bis hinter den See, dann aber die kleine Brücke schon zurück in Richtung Tierpark und an der grünen Brücke Wasser gezapft. Es war aber auch warm. Dann von dort mittig geblieben, also nicht entlang des Tierparks und erst an der Tierparkbrücke rechts und weiter über den Zebrastreifen Richtung Brudermühlbrücke.
Dort unten durch und da ich noch keine 20km voll hatte, einfach weiter Richtung Schyrenplatz. Dort drehte ich durch das von Monika und mir erkorene Zieltor. Zwei Bäume die nebeneinander stehen und wirklich gut als

Startlinie oder Ziellinie dienen könnten. Ab hier verlangsamte ich aber, denn ich hatte immerhin die 20km unter zwei Stunden geschafft. Wow, war das anstrengend. Ich weiß gar nicht, wie ich den Halbmarathon in 01:45h schaffen konnte. Scheiß-Erkältung. >:-[

Ab jetzt heißt es dann langsam Kondition aufbauen. Von nischt kommt nischt.

Stdiut von MgMBlog @ 27.11.11 - 21:55:32

Winter

Ich laufe, also bin ich

Ich laufe, also bin ich. Am Mittwoch Abend ging es in die Spur. Heim von der Arbeit, einen Vitamindrink aus Rote Beete Saft und Weizengrassaft getrunken, dann noch den Blutzucker gemessen. Der Wert von 110 hat mich befriedigt, hätte aber jede Diabetesberaterin zu einem Herzkaschperl gebracht, wenn sie gehört hätte, ich will jetzt noch 10km laufen, mit diesem Wert. Und dann noch ohne Riegel in der Tasche und ohne Handy dabei. Aber jeder Körper ist nun einmal anders. Ich lief in eine traumhafte Novembernacht. Kann man das sagen um 18:30 Uhr? Ich denke schon.
Gleich nach 800m der Anstieg zur Hochleite, wo ich jede Mal denke, es haut mir die Lunge raus. Vorbei am 60ger Stadion, dann an der kleinen Kapelle, an der Menterschwaige und Wende an der Großhesseloher Brücke. Ab da ging es mir schlagartig gut. Ich brauche halt manchmal länger, bis es mir wieder Spaß macht und ich warm bin. Darum ist Ultra eigentlich das Richtige für mich.
Auf dem Rückweg kam mir noch unser Lokalmatador Dennis entgegen. Er war immerhin schon einmal Deutscher Meister im Marathon und ich finde den einfach gut. Bescheiden, keine Allüren, läuft seit Jahren beständig und hat, soweit ich weiß, auch keinen großen Sponsor. So ein Held des Alltags. Man kann aber leider kein Fan von ihm werden, denn er besitzt keine Homepage. Irgendwie schon wieder cool, wie er sich diesem Hype entzieht.
Ich kam jedenfalls nach 10,6 km und 01:01h zu Hause an und gönnte mir eine warme Dusche und leckeres kaltes Abendessen.
Stdiut von MgMBlog @ 01.12.11 - 09:22:55

Nutz das Wetter

Nutz das Wetter dachte ich mir und deshalb ging es auch am Donnerstag noch einmal in die Spur. Wieder entlang der Hochleite, wieder Dennis getroffen (läuft scheinbar auch immer um die Zeit), nur etwas kürzer diesmal, nur so ziemlich genau 10km. Diesmal war die zweite Hälfte aber deutlich schneller. Sieht gut aus für das Wochenpensum. Der November wäre ein

guter Trainingsmonat geworden, hätte mir die Erkältung nicht dazwischen gefunkt.
Stdiut von MgMBlog @ 02.12.11 - 15:36:41

Training und andere Treffen

Heute am Samstag ging es wieder zum Training mit Monika. Es ging auf unsere Isarrunde und wir liefen insgesamt 6km gemeinsam. Wobei mein Garmin 6,1km anzeigte und ihrer 6,0km. Na gut, evtl. bin ich ja wieder rumgetänzelt. Das Wetter war viel wärmer als erwartet. Richtig angenehm für den Lauf. Heute kam Moni mir schon auf der Brücke entgegen, dabei war ich zwar wie immer auf den letzten Drücker, aber pünktlich.
Unterwegs trafen wir Lauffreundin Andrea. Mit Stöpseln im Ohr. Beim Zurücklaufen, passierten wir uns noch einmal. Bereits gestern Abend hatten wir uns beim Einkaufen getroffen, ich brauchte noch Käsescheiben. Somit war es das dritte Mal.
Und da ja auch beim Laufen aller guten Dinge drei sind, bin ich nach der gemeinsamen Runde auf dem Heimweg in Richtung Tierpark noch 3x gesprintet. Wow, das erste Mal war aber nix, 500m in 2:30Min. der zweite war aber dann schon 2:13min und der letzte Sprint in 2:08min für die 500m. Ich muss wohl doch mal langsam mal wieder was für die Schnelligkeit tun.
Stdiut von MgMBlog @ 03.12.11 - 16:43:27

Durch die Auen

Nachdem die Biathleten Herren sich die Verfolgung in Östersund geliefert hatten, wurde es Zeit selbst etwas Sport zu treiben. So ging es denn als Mono-Sportart für mich zum Laufen. Ich hatte mir die Puchheim/Grünwald-Runde vorgenommen, etwas verlängert in den Norden. Also bog ich an der Brudermühlbrücke erst einmal rechts ab, lief bis zum Schyrenplatz, dort über die Isar und wieder Richtung Süden. Weiter ging es dann vorbei am Flaucher-Biergarten, Gasthof Hinterbrühl, Großer Brückenwirt, dann die Brücke überquert und Kleiner Brückenwirt. Ab hier dann etwas hügeliger Richtung Heimat. Den Trail verlängerte ich bis zur Großhesseloher Brücke

und ab da wieder eben auf dem Radweg. Am Tierpark noch einmal Wasser gefasst und dann die restlichen Kilometer super ausgetrabt.
Die Gesamtrunde belief sich auf 25km. Das Wochenpensum war also etwa 58km. Das ist für die Winterpause auch genug, denke ich. Und nach den zwei etwas dürftigen Wochen auch wieder ein ordentliches Training.
Stdiut von MgMBlog @ 05.12.11 - 08:37:48

Groggy

Da ich heute etwas groggy war, beschloss ich heute mal auf die 10kmNorm zu verzichten. Zu Hause angekommen ging es gleich in die Laufklamotten und dann raus in die Dunkelheit. Heute ohne Stress hinters Haus getrabt, über den Auer Mühlbach und dann den Berg zum 60er Stadion 6x rauf, natürlich den steileren Anstieg Richtung Burgerbude. Oben auf der Brücke über den mittleren Ring war ich immer ziemlich außer Puste.
Nach einem lockeren Trab bergab ging es aber wieder. Es war heute etwas windig und feucht, aber von Schnee keine Spur. Resultat waren dann am Schluss knapp über 7km.
Stdiut von MgMBlog @ 07.12.11 - 21:20:38

Und wieder ein Donnerstag

Und wieder ein Donnerstag mit Abendlauf. Ich war relativ früh zu Hause und somit schon gegen 18:40 Uhr draußen und Garmin eingeloggt in weit entfernte Satelliten. Leicht abgewandelt ging es diesmal nicht erst die Schleife hinter dem Haus entlang, sondern gleich geradeaus zum kleinen Giesinger Hügel. Der Anstieg dort ist etwas flacher, aber immer wieder hart, wenn man gleich nach den ersten 500m so einen bewältigen muss. Ich japs dann immer erst mal, bis ich wieder richtig in Tritt komme.
An der Menterschwaige spielten irgendwelche Erwachsenen laute Spiele, sonst war es aber mäßig belebt unterwegs. Es schien der Tag der Laufgruppen gewesen zu sein. Es kamen mir einmal 3 Männer entgegen und dann auf dem Rückweg in Höhe Tennisplatz noch einmal eine ganze Horde, diesmal gemischt. Wer wird denn da trainieren? Das Wetter war wieder

angenehm trocken, der Weg dafür matschig. Bin einige Schlenker gelaufen, um die Pfützen zu umkurven. Am Schluss standen hatte ich die 10km knapp unter einer Stunde beendet.
Stdiut von MgMBlog @ 09.12.11 - 08:29:32

Von einem Hund angekläfft worden, laut aufgeschrien

Heute war die Laufgruppe durch Krankheit völlig ausgefallen, totaler Knockout. Also wurde der Tag ganz anders gestaltet. Erst gegen 16 Uhr auf zum Lauf. Es hatte schon wieder angefangen zu schneien. Aber es war wie immer, wenn man erst einmal unterwegs ist, flutscht es, auch wenn man sich vorher vor dem Wetter ekelt und grault. Die Runde war heute etwas variiert.
Erst Richtung Tierpark, dann über die Brücke, nach links Richtung Großhesseloher Brücke, aber schon an der ersten kleinen Brücke wieder rechts und in Richtung Hinterbrühler See. Dann wieder Richtung Tierpark und an der neuen Wohnsiedlung vorbei, hatte leider keine Zeit dort anzuhalten, denn dort sah es nett aus, scheinbar ist fast alles fertig jetzt. Am Flaucher vorbei, unter der Brudermühlbrücke durch und dann die 10km in 55 Minuten passiert. Jetzt etwas Tempo rausgenommen und beschlossen, die 15km voll zu machen. Von einem Hund angekläfft worden, laut aufgeschrien, Hundehalter hat sich entschuldigt, ich musste lachen. Dann durch den "Untergang" und bis zum Deutschen Museum gedüst. Dort durch den Innenhof getrabt, der voller Menschen war und dann rechts der Isar wieder nach rechts Richtung Heimat. Am Schyrenplatz ging die Schleife am Schuh auf, trotz Doppelknoten, und schleifte durch den Modder. Zugeknotet und weiter am Hans-Mielich-Platz vorbei, der auch schon fast Gestalt annimmt und schon war ich nach 15,6km und 01:26h wieder dahoam. Cooler Lauf.
Das ist ganz nach Viktor Röthlin's Methode, lauf deine Marathongeschwindigkeit so lange wie möglich. Hätte gar nicht gedacht, dass ich schon wieder so in Form bin. Die Läufe am Abend sind ja immer wesentlich langsamer. Aber scheinbar liegt das einfach daran, dass man schon den ganzen Tag gearbeitet hat.
Stdiut von MgMBlog @ 10.12.11 - 19:53:32

Hin und zurück

Sonntag war mein Sonderaktions-Tag. Gleich morgens um 07:58 Uhr saß ich schon in der U-Bahn, um nach Ismaning zu fahren. Dort startete am 11.12. die Winterlaufserie und somit bot sich eine gute Gelegenheit für mich, ein wenig Marketing zu machen. Sprich ich habe ein paar Bücher als Werbung ausgelegt. Die S-Bahn fuhr pünktlich und in Ismaning stieg in in den Shuttle vom Veranstalter, den dieser organisiert hatte, um die Parkplatz-Situation zu entspannen. Ja, das ist da immer ein Problem.

Bei der Veranstaltung angekommen, legte ich meine Exemplare aus, zurrte meinen Trinkrucksack fest und entfleuchte unerkannt im Laufschritt in Richtung München und nach Hause. Bis zur Isar waren noch viele Leute unterwegs, um sich einzulaufen und aufzuwärmen. Dann aber, sobald ich an der Isar links abbog, war es menschenleer.

Somit trabte ich in Richtung Süden auf München zu. In Höhe Unterföhring pfiff mir ein Penner (Obdachloser??) hinterher, er saß in einem überdachten Häuschen mit etwa 10 leeren Bierflaschen vor sich. Ich nahm es mal gelassen als Kompliment, er muss ja nicht per se einen minderen Geschmack haben, nur weil er eben einfach lebt. Allerdings entzieht sich meiner Kenntnis, ob er auch Damen hinterherpfiff oder einfach allem was lebte, wie z.B. Eichhörnchen.

Meine gute Laune war durch nichts zu trüben, obwohl ich einen ziemlichen Muskelkater hatte, vom Training tags zuvor. Ich musste ganz schön in die harten Schenkel rein laufen, aber kein Wunder, das Training war ja erst um 17 Uhr zu Ende und um 09:00 Uhr morgens war ich schon wieder unterwegs. Sehr kurze Erholungsphase. Zwar war ich stark in Versuchung schlapp zu machen, aber an der Brudermühlbrücke war mein Elan wieder da und ich lief weiter Richtung Tierpark. Somit hatte ich dann am Schluss 25km gelaufen und mir mein Frühstück um 12:00 Uhr redlich verdient.

Stdiut von MgMBlog @ 12.12.11 - 17:03:20

Schlaffer Start

Beim nach Hause fahren in der S-Bahn hatte ich beim Lesen von den Buddenbrocks starke Gähnanfälle und bin dann von Ostbahnhof bis Marienplatz auch noch eingenickt. Zu Hause angekommen, musste ich mich

in die Laufklamotten zwingen und nicht der Versuchung nachgeben, mich aufs Bett zu werfen. Das Wetter spielte mit, relativ warm und kein Regen. Also trabte ich heute mal den steilen Berg hoch, zum 60ger Stadion und dann wieder Hochleite bis Großhesseloher Brücke und wenden.
Bei der Wende hatte ich noch einen Schnitt von 5:50min/km auf der Uhr und bei 10km dann 5:38min/km - also eine wesentlich schnellere zweite Hälfte. Und bei der Wende war auch die Müdigkeit weg und das Ziehen in den Beinen und das Sodbrennen und die Unlust. War scheinbar alles nur psychosomatische Unlust des Körpers. Auch Dennis war heute wieder unterwegs, auch mit Mütze heute. Hat wohl auch Angst vor Erkältung. :DD
Hat also wieder einmal Spaß gemacht, das Training.
Stdiut von MgMBlog @ 14.12.11 - 21:23:27

Natürlich war ich laufen

Am Donnerstag war ich laufen. Viel zu viel Arbeit, viel zu spät aus dem Job, viel zu spät zu Hause, viel zu wenig Zeit, aber Lust aufs Laufen. Also ging es trotz Zeitmangel in die Piste. Da ich keine Lust auf Hügel hatte, bin ich einfach zum Auermühlbach, von dort Richtung Osram immer den Fahrradweg entlang, denn der ist beleuchtet. Weiter über die Brudermühlbrücke, entlang des Flauchers und bis hinter zu dem neuen Wohngebiet. Dann einfach eine Wendung und zurück. Diesmal aber nicht bei Osram vorbei, sondern gleich
Richtung Candidplatz. Und da dann noch Zeit war, drei Runden um unseren Block gedreht. Finale 9km standen schließlich auf meiner Uhr.
Stdiut von MgMBlog @ 16.12.11 - 14:35:20

Verschätzt

Heute ging es relativ früh los. Um 12:20 Uhr lief ich los und hatte mir 20km vorgenommen. Es ging den steilen 60er Berg hoch und dann entlang der Hochleite bis zur Großhesseloher Brücke, aber dort geradeaus über die Gleise und weiter Richtung Grünwald. Dann am Ende des Weges kurz auf den Bürgersteig und gleich steil rechts runter, Richtung Isar-Trail. Es war

zwar nicht glatt, aber man musste höllisch aufpassen, nicht auf den Bucheckern auszurutschen, die dort lagen. Dann bis zur Grünwalder Brücke hügelig und Trail und
dort über die Isar und zurück. Es sind mir verdammt wenig Läufer begegnet. Aber ich wollte Platz für die Ente schaffe. :yes:
Mit der Strecke hatte ich mich etwas verschätzt, ich dachte, es wäre kürzer, wenn ich oben langlaufe. Pustekuchen. Am Schluss standen 21,5km auf dem Garmin in 02:16h. Weil ich ein Matschauge habe zur Zeit, habe ich mir zum Schutz vor dem Wind die Gläser in meiner Spiuk gewechselt, Klarsichtscheiben. War ganz angenehm. Egal wie das ausschaut, andere tragen ja auch Brillen, oder? Im Fall.
Stdiut von MgMBlog @ 24.12.11 - 18:46:41

Zwei Läufe

Am 25.12. und am 26.12. ging es wieder auf die Piste. Sonntag nach dem Frühstück mit Lauffreundin Eva. Sie hatte erst 15km geplant aber dann unterwegs auf 16km erhöht. Da sie sich auch nicht so in der Gegend auskannte, wollte sie ständig über die Isar wechseln, leider hat es aber gar nicht sooo viele Brücken. Also entschied ich mich, nachdem wir erst stur flach geradeaus gelaufen waren, die Route zu ändern.
Bevor es vom Asphalt in den Grünwalder Bereich geht, wendete ich und wir liefen zurück Richtung Start, aber die Trail -Strecke. Da Eva niemanden vor sich duldet, ließ ich sie vorweg laufen, wodurch sie ziemlich beschäftigt war, denn man muss schon ziemlich gut darauf achten, wo man hintritt. Bei der Großhesseloher Brücke ging es gleich wieder rechts hoch auf den Trail und entlang der Höhle. Dann noch anstrengende Stufen runter und weiter geradeaus ab Tierpark flach nach Hause. Eva hat es laut eigener Aussage gut gefallen, Trail zu laufen.
Nach 16km setzte ich sie zu Hause ab und lief noch 4,5km weiter. So einfach ein Stück Hochleite. Am Montag dann, ging es etwas später los, zuerst Richtung Norden und dann links der Isar gen Süden. Mal an der Floßlände entlang und dann wieder Richtung Süden. Es waren mehr Menschen unterwegs, als an den beiden Tagen zuvor. Manchmal ist das gar nicht zu begrüßen, vor allem wenn manche meinen, der Bürgersteig gehört nur ihnen

und wir Läufer sind Fahrzeuge. Leider ist dem aber nicht so.
Der Lauf am Montag wurde wieder mit einem Hügel gekrönt, denn ich lief an der Großhesseloher Brücke diesmal den Berg rauf, über die Holzbrücke und dann die Hochleite nach Hause. War also jeden Tag etwas Abwechslung dabei. Und diesmal 21km. Macht in drei Tagen so etwa 63km.
Stdiut von MgMBlog @ 27.12.11 - 14:48:09

Ächz Stöhn und Co

Ächz Stöhn und Co, so hätte man meinen Laufstil gestern Abend bezeichnen können. Es ging wieder hoch zum Stadion der 60ger und dann geradeaus bis hinter die Großhesseloher Brücke, da ich etwas mehr als 10km machen wollte.
Es waren dann auch so etwa 12,2km am Ende, aber von Tempo konnte echt nicht die Rede sein. Es war plötzlich saukalt gestern Abend, evtl. ist mir das auf die Knochen geschlagen. Es gibt Läufe, die mir leichter fielen, als dieses Training gestern. Das war ein Sieg des Geistes über das Fleisch oder in diesem Falle die Muskeln.
Stdiut von MgMBlog @ 29.12.11 - 09:55:21

Printed by Books on Demand GmbH, Norderstedt / Germany